LIBER CANTUALIS

LIBER CANTUALIS

+

ABBATIA
SANCTI PETRI
DE SOLESMIS

CONSOCIATIO
INTERNATIONALIS
MUSICAE SACRAE

MCMLXXXIII

Ad cantum sustinendum

LIBER CANTUALIS
COMITANTE ORGANO

auctore F. Portier
Solesmis comparari potest.

Editio emendata

Imprimatur
Tornaci, die 1 martii 1978
J. Thomas, del. ep.

ABBAYE SAINT-PIERRE DE SOLESMES
F. 72300 SABLÉ-SUR-SARTHE — FRANCE

ISBN 2-85274-040-0

PROOEMIUM

Congressus musicae sacrae internationales, qui auctoritate Pontificii Instituti Musicae Sacrae (Romae sedentis) et Consociationis Internationalis Musicae Sacrae (item Romae sedentis) habiti sunt, saepius optabant, ut cantus popularis ecclesiastici augendi causa libri, qui simplices cantilenas gregorianas continerent,in lucem ederentur. Quaestiones de ratione, qua hoc optatum rite expleretur, necessariae, dum praeceptis articulorum 116 et 117 Constitutionis de Sacra Liturgia, quae incipit a verbis 'Sacrosanctum Concilium' (1963), officiosa oboedientia praestatur, postremo dissertae ac explicatae sunt Congressu internationali Musicae Sacrae Salisburgi habito (1974).

Studiis operis internationalis a Ward nuncupati (Ward movement), quibuscum coetus quidam peritorum ex Abbatia Sancti Petri de Solesmis et ex Consociatione Musicae Sacrae Internationali delectus labores coniunxit, acceptum referendum est, ut ista PRIMA PARS canticorum ex thesauro Gregoriano selectorum, quae cantui populi in sacra liturgia proferendo apta atque etiam populo fideli multis locis nota sunt, quaeque imprimis officiis liturgicis in conventibus internationalibus utilia esse possint, in lucem prodeat.

Liceat sperare has priscas cantilenas liturgiae Romanae, quibus cultura musicalis occidentis magna ex parte formata est, affecturas esse, ut liturgia renovata pio intimi cordis affectu augeatur et divino afflante Spiritu arte propria atque vi spirituali sibi indita ipsae etiam canticis, quae Concilium Vaticanum II inter sacram liturgiam vulgari lingua proferri voluit, virtutem pietatemque inspirent.

PARS ALTERA, quae cantus populares diversarum quidem linguarum, sed cantilenarum sive melodiarum communium complectetur, iam praeparatur et quam primum in lucem prodibit.

ORDO MISSAE

CANTUS IN ORDINE MISSAE OCCURRENTES

SEQUENTIAE

CANTUS VARII

IN HONOREM SANCTISSIMI SACRAMENTI

IN HONOREM BEATAE MARIAE VIRGINIS

TEMPORE ADVENTUS

PSALMI ET CANTICA

ORDO MISSAE

AD RITUS INITIALES

1 *SIGNUM CRUCIS*

I N nómi-ne Patris, et Fí- li- i, et Spí- ri-tus Sancti.

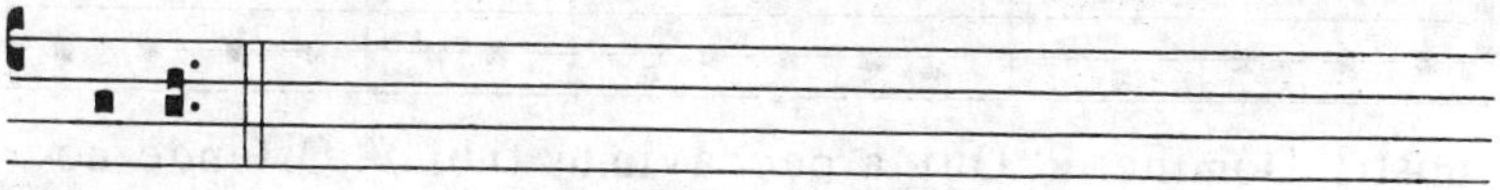

℟. Amen.

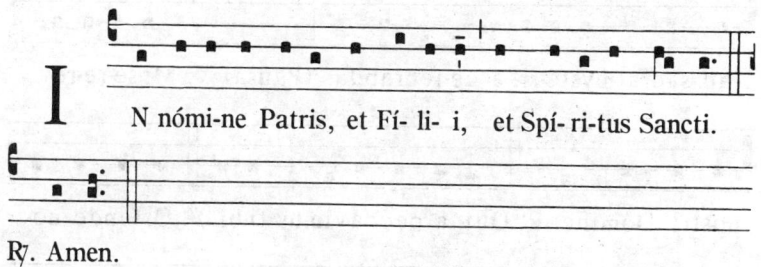

2 *FORMULA SALUTATIONIS*

G Rá-ti- a Dómi-ni nostri Ie-su Christi, et cá- ri- tas

De- i, et commu-ni-cá- ti- o Sancti Spí- ri-tus sit cum ómni-

bus vo- bis.

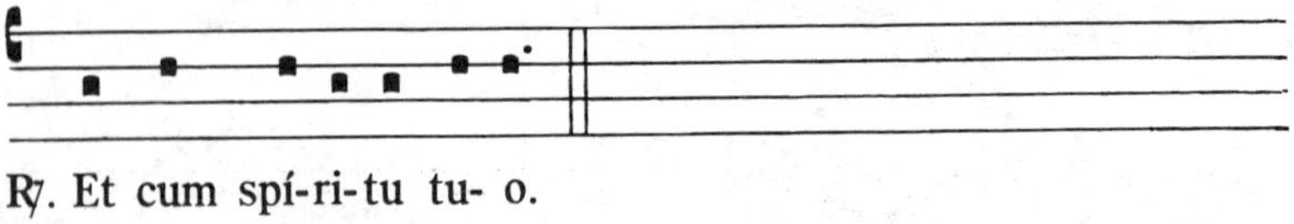
℟. Et cum spí-ri-tu tu- o.

3 *AD RITUM PAENITENTIALEM*

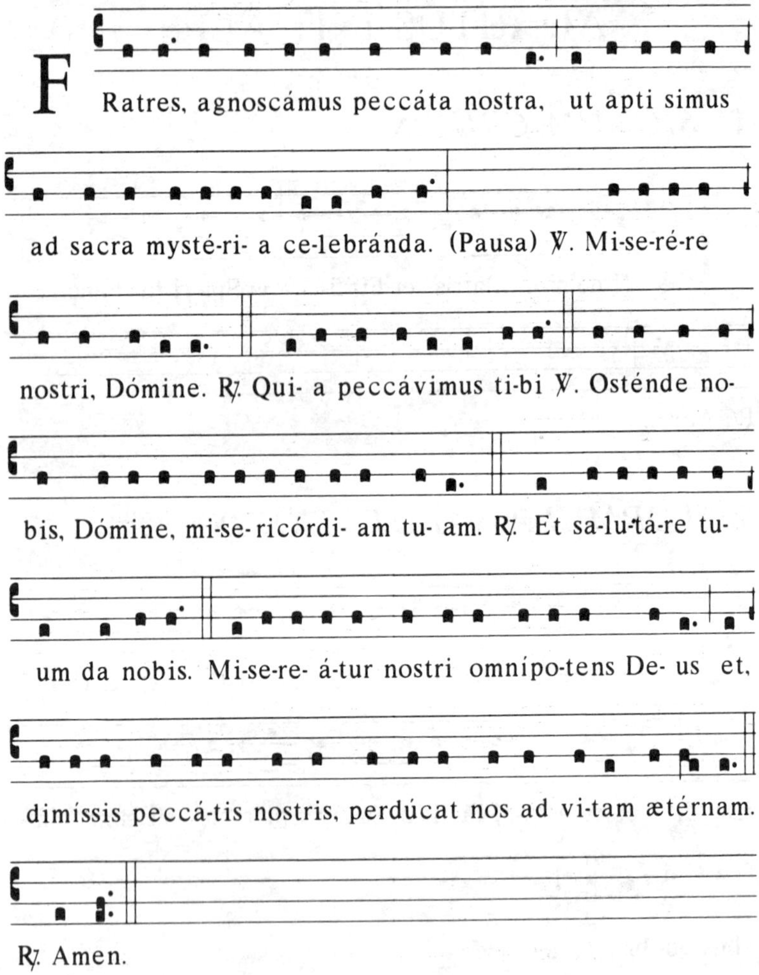
FRatres, agnoscámus peccáta nostra, ut apti simus
ad sacra mystéri- a ce-lebránda. (Pausa) ℣. Mi-se-ré-re
nostri, Dómine. ℟. Qui- a peccávimus ti-bi ℣. Osténde no-
bis, Dómine, mi-se-ricórdi- am tu- am. ℟. Et sa-lu-tá-re tu-
um da nobis. Mi-se-re- á-tur nostri omnípo-tens De- us et,
dimíssis peccá-tis nostris, perdúcat nos ad vi-tam ætérnam.
℟. Amen.

4 *KYRIE XVI*

XI-XIII. s.
III.
KYri- e * e- lé- i-son. *bis* Christe e-lé- i-son. *bis* Ký-
ri- e e-lé- i-son. Ký-ri- e e-lé- i-son.

Aliae melodiae nn. 30, 35, 39, 43, 47, 51.

5 *GLORIA XV*

X. s.
IV.
GLó-ri- a in excélsis De- o. Et in terra pax homí-
ni-bus bonae vo-luntá-tis. Laudámus te. Be-ne-dí-cimus te.
Ado-rámus te. Glo-ri- fi-cámus te. Grá-ti- as á-gimus ti-bi
propter magnam gló-ri- am tụ- am. Dómi-ne De- us, Rex cae-lé-
stis, De- us Pa-ter omní-pot-ens. Dómi-ne Fi- li u-ni-gé-

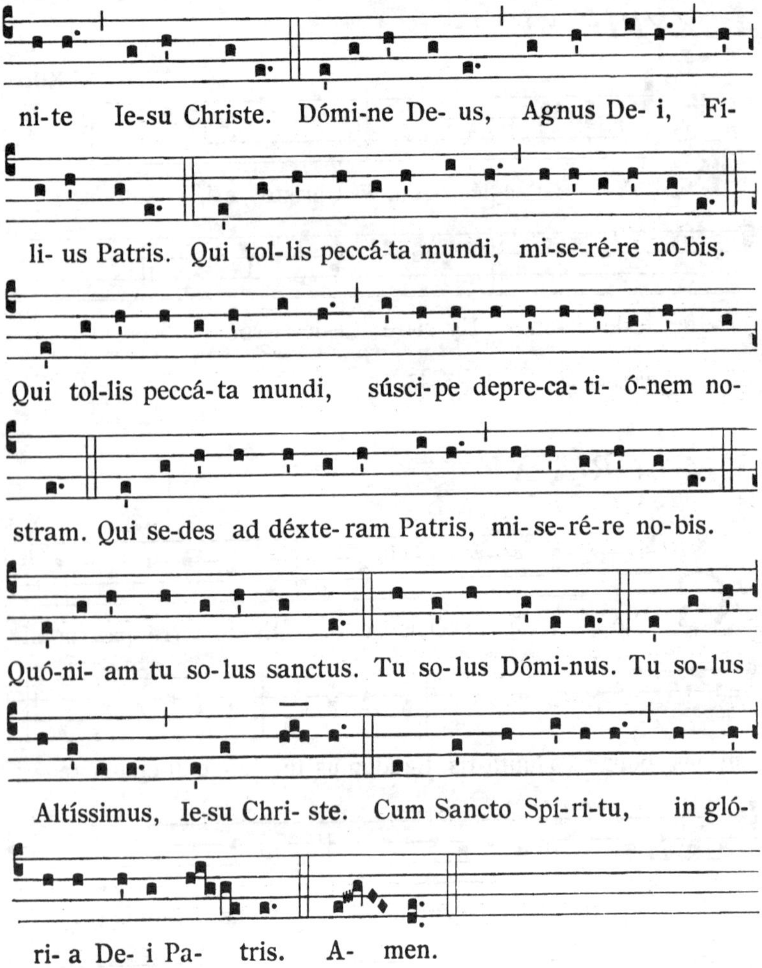
ni-te Ie-su Christe. Dómi-ne De- us, Agnus De- i, Fí-
li- us Patris. Qui tol-lis peccá-ta mundi, mi-se-ré-re no-bis.
Qui tol-lis peccá- ta mundi, súsci- pe depre-ca- ti- ó-nem nostram. Qui se-des ad déxte- ram Patris, mi- se- ré-re no- bis.
Quó-ni- am tu so- lus sanctus. Tu so- lus Dómi-nus. Tu so- lus
Altíssimus, Ie-su Chri- ste. Cum Sancto Spí-ri-tu, in gló-
ri- a De- i Pa- tris. A- men.

Aliae melodiae nn. 31, 36, 40, 44, 48

6 *POST COLLECTAM*

... per ómni- a sǽcu-la sæcu-ló- rum ℟. Amen.

AD LITURGIAM VERBI

7 *POST LECTIONEM I*

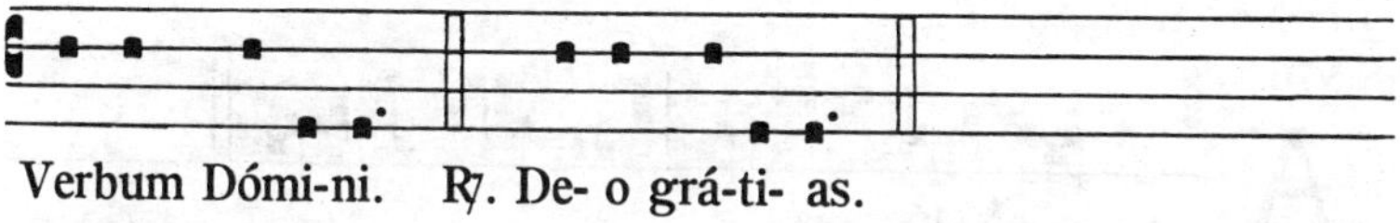
Verbum Dómi-ni. ℟. De- o grá-ti- as.

8 *POST LECTIONEM II*
vel unicam ante evangelium :

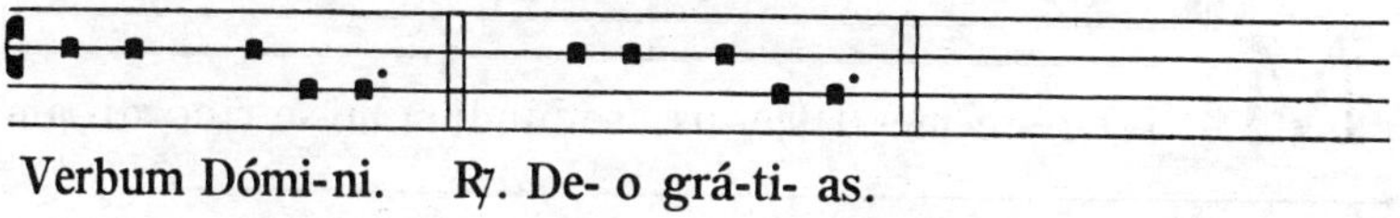
Verbum Dómi-ni. ℟. De- o grá-ti- as.

9 *ALLELUIA tempore per annum & T.P.*

A

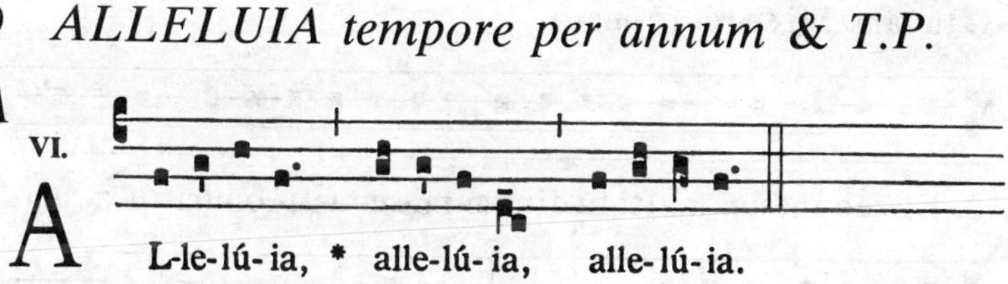
VI.
A L-le-lú- ia, * alle-lú- ia, alle- lú- ia.

vel :

B

II.
A L-le-lú- ia.

vel:

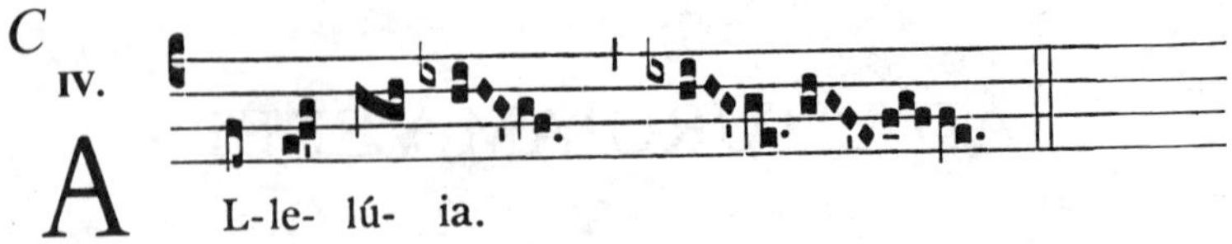
C
IV.
A L-le- lú- ia.

vel:

D
VIII.
A L- le- lú- ia.

10 *TEMPORE QUADRAGESIMAE*

II.
M I-se-ré-re me- i De- us :* secúndum mi-se-ricórdi- am
tu- am. Mi-se-ré- re me- i.
2. Et secúndum multi-tú-dinem mi-se-ra- ti- ónum tu- á-rum :*
de-le in-iqui-tá-tem me- am. Mi-se-ré- re me- i.
3. Ampli- us lava me ab in-iqui-tá-te me- a :* et a peccá-to

me- o munda me. Mi-se-ré- re me- i.

4. Quó-ni- am in-iqui-tá-tem me- am ego cognósco :* et pec-

cá- tum me- um contra me est semper. Mi-se-ré- re me- i.

11 *ANTE EVANGELIUM*

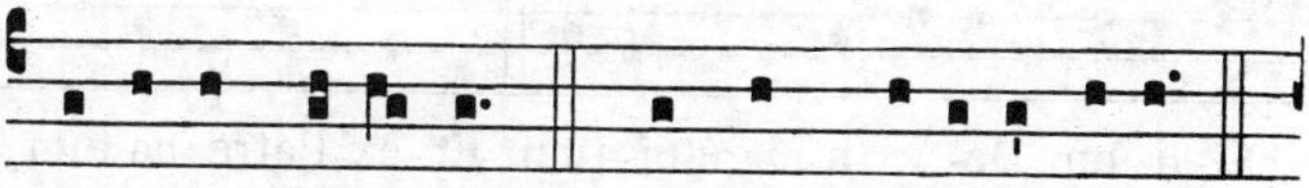

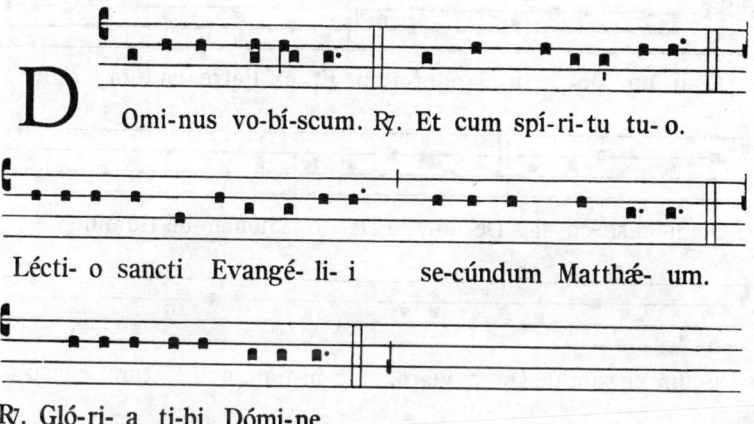

D Omi-nus vo-bí-scum. ℟. Et cum spí-ri-tu tu- o.

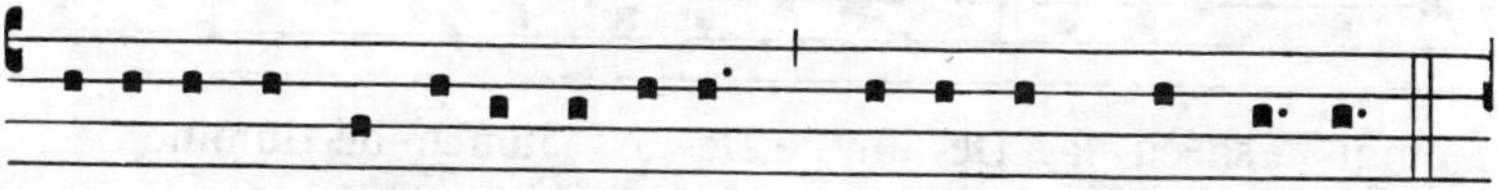

Lécti- o sancti Evangé- li- i se-cúndum Matthǽ- um.

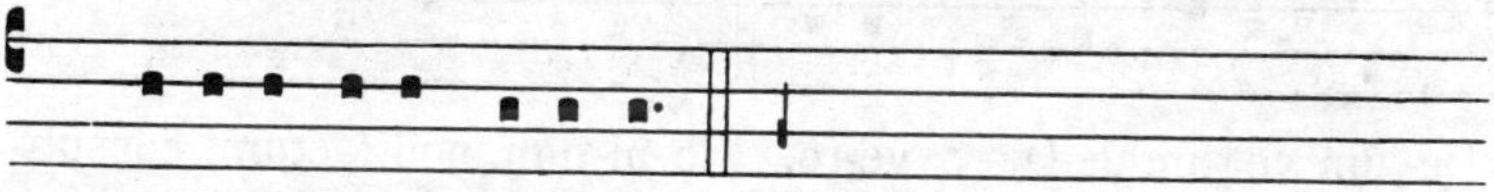

℟. Gló-ri- a ti-bi, Dómi-ne.

12 *POST EVANGELIUM*

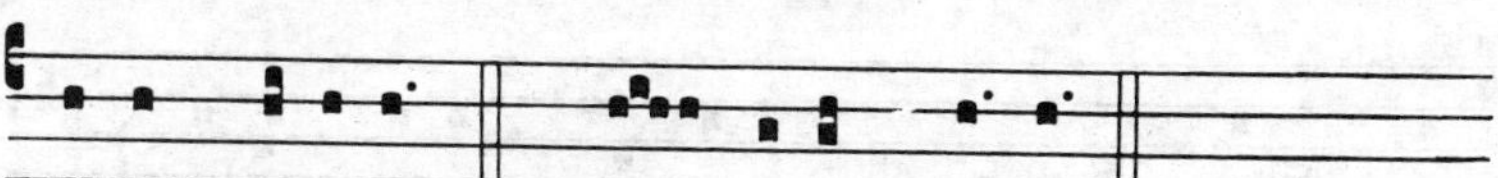

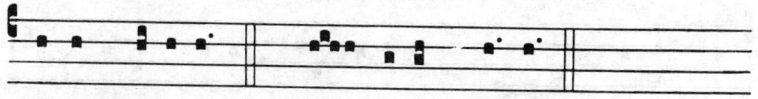

Verbum Dómi-ni. ℟. Laus ti-bi, Chri-ste.

13 *CREDO I*

XI. s.

IV.
CRe-do in unum De-um, Patrem omni-pot-éntem, fa-
ctó-rem cae-li et terrae, vi-si-bí-li-um ómni-um, et in-
vi-si-bí-li-um. Et in unum Dómi-num Ie-sum Christum,
Fí-li-um De-i u-ni-gé-ni-tum. Et ex Patre na-tum ante
ómni-a saécu-la. De-um de De-o, lumen de lúmine,
De-um ve-rum de De-o ve-ro. Gé-ni-tum, non factum, consub-
stanti-á-lem Patri : per quem ómni-a facta sunt. Qui propter nos hómi-nes, et propter nostram sa-lú-tem descéndit de

cae-lis. Et incarná-tus est de Spí-ri-tu Sancto ex Ma-rí- a
Vírgi- ne : Et homo factus est. Cru-ci- fí-xus ét-i- am pro
no-bis : sub Pónti- o Pi- lá-to passus, et sepúl-tus est. Et
re-surréxit térti- a di- e, se-cúndum Scriptú-ras. Et ascéndit in caelum : se-det ad déxte-ram Patris. Et í-te-rum ventú-rus est cum gló-ri- a, iu-di-cá-re vivos et mórtu- os :
cu-ius regni non e- rit fi- nis. Et in Spí- ri- tum Sanctum,
Dómi-num, et vi-vi- fi-cántem : qui ex Patre Fi- li- óque pro-
cé- dit. Qui cum Patre et Fí- li- o simul ad-o-rá-tur, et

conglo-ri- fi-cá-tur : qui lo-cú-tus est per Prophé- tas. Et unam
sanctam cathó-li- cam et a-postó-li-cam Ecclé-si- am. Con-
fí- te- or unum baptísma in remissi- ó-nem pecca-tó- rum.
Et exspécto re-surrecti- ó-nem mortu- ó- rum. Et vi- tam
ventú- ri saé-cu-li. A- men.

Alia melodia n. 54.

14 *AD ORATIONEM UNIVERSALEM*

Petitiones orationis universalis a diacono (vel cantore) dicuntur, quibus respondeant :

A

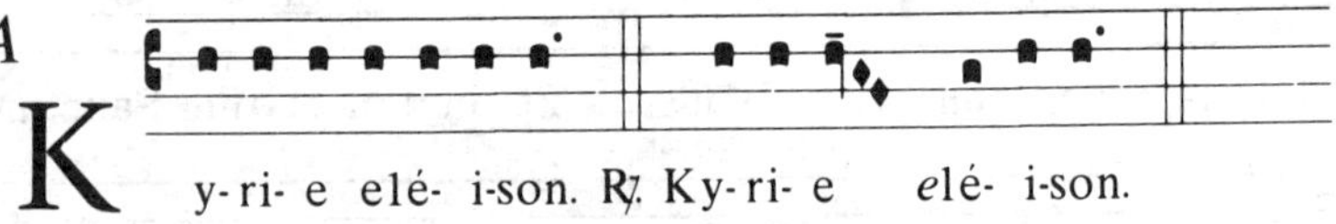
Ky-ri- e elé- i-son. ℟. Ky-ri- e elé- i-son.

B

Diaconus vel cantor :

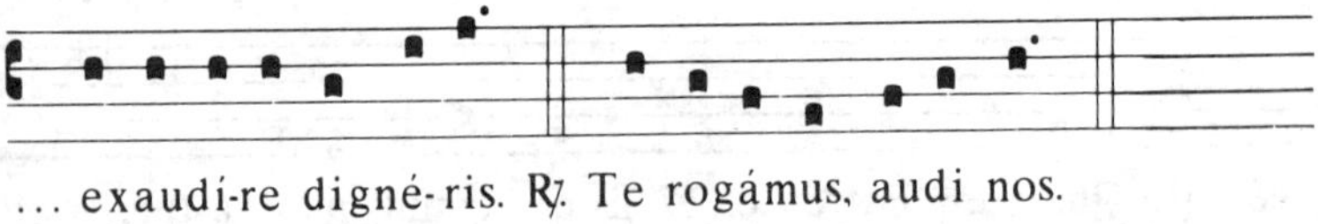
... exaudí-re digné-ris. ℟. Te rogámus, audi nos.

AD LITURGIAM EUCHARISTICAM

15 *POST ORATIONEM SUPER OBLATA*

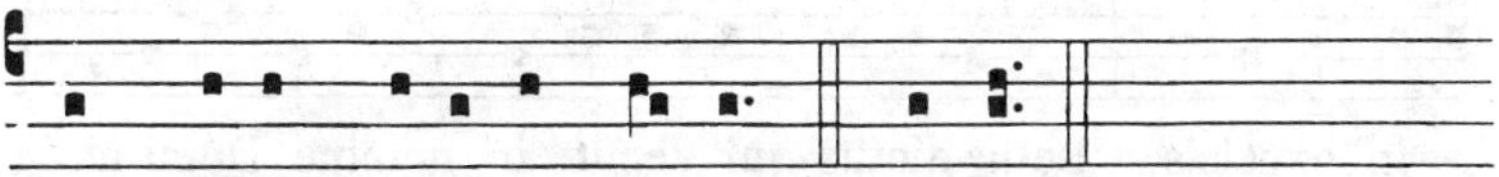
Per Christum Dómi-num nostrum. ℟. Amen.

16 *ANTE PRAEFATIONEM*

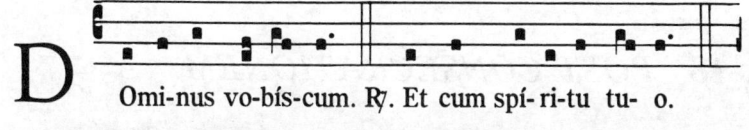

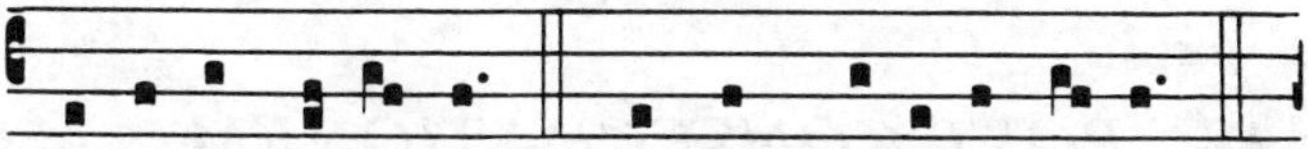
DOmi-nus vo-bís-cum. ℟. Et cum spí-ri-tu tu- o.

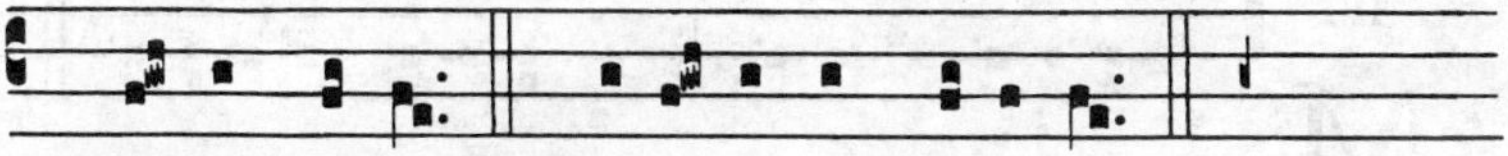
℣. Sur-sum corda. ℟. Habé-mus ad Dómi-num.

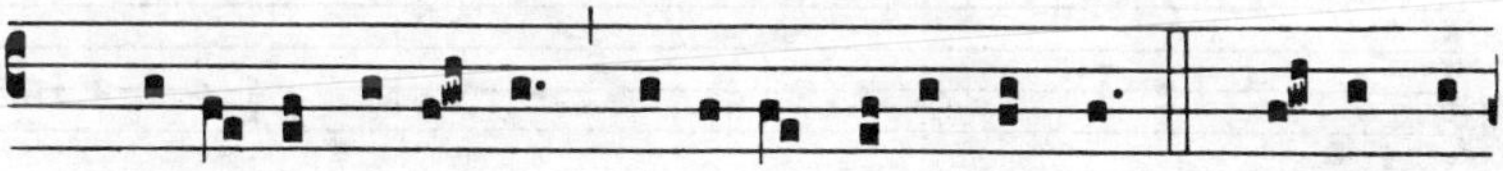
℣. Grá-ti- as agá-mus Dómi-no De- o nostro. ℟. Dignum et

iustum est.

17 *SANCTUS XVIII*

XIII. s.

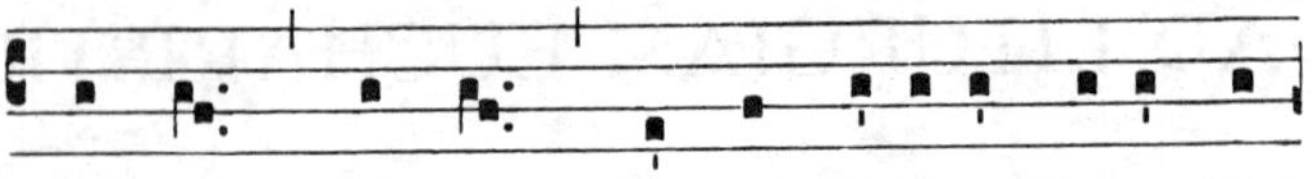

S Anctus, * Sanctus, Sanctus Dóminus De- us Sá-

ba- oth. Ple-ni sunt caeli et terra gló-ri- a tu- a. Ho-sánna

in excélsis. Be-ne-díctus qui ve-nit in nómine Dómi-ni.

Ho-sánna in excélsis

Aliae melodia nn. 32, 37, 41, 45, 49, 52.

18 *POST CONSECRATIONEM*

IV.

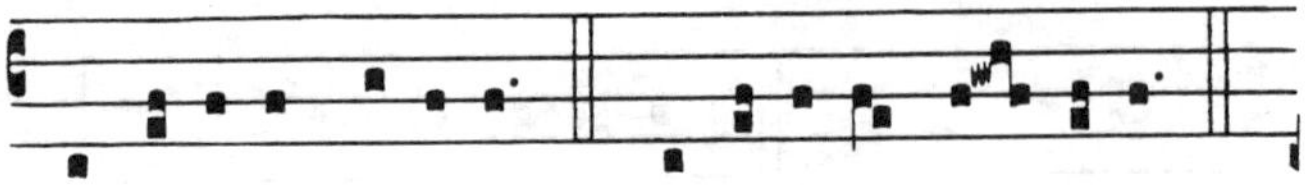

M Ysté- ri- um fí-de- i. *vel* Mysté-ri- um fí- de- i.

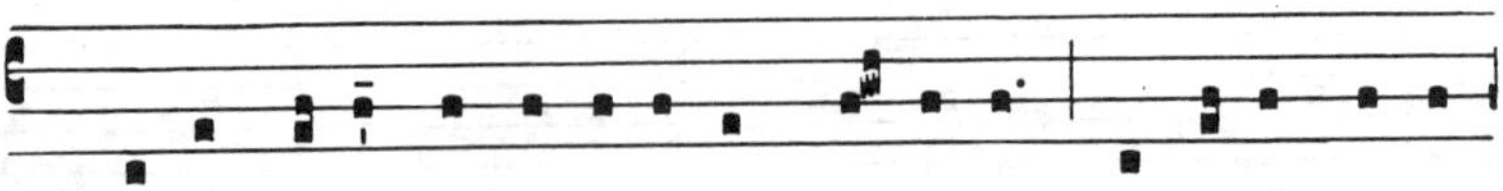

℟. Mortem tu- am annunti- ámus, Dó-mi-ne, et tu- am re-sur-

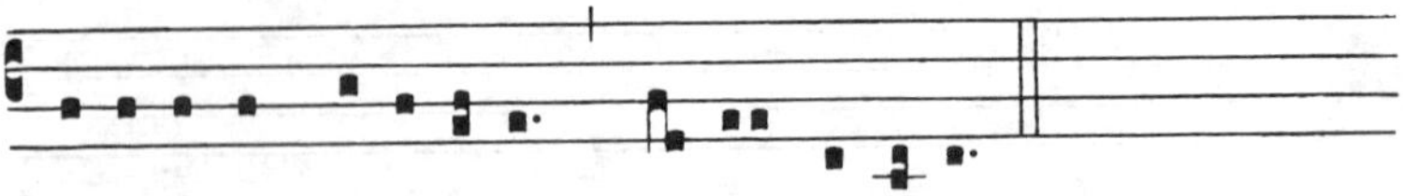

recti- ó-nem confi-témur, do- nec vé-ni- as.

19 *POST DOXOLOGIAM*

... per ómni- a sǽcu-la sæcu-ló- rum ℟. Amen.

AD RITUS COMMUNIONIS

20 *AD ORATIONEM DOMINICAM*

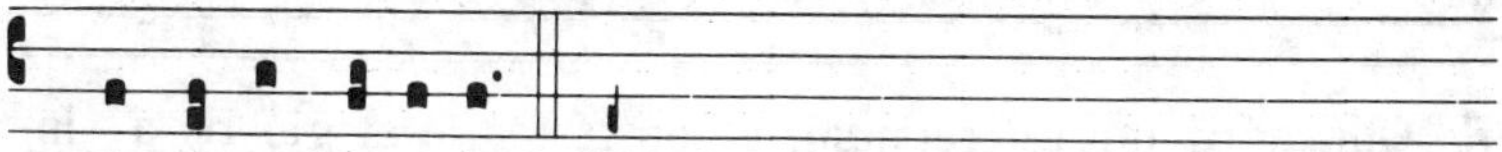

... audémus díce-re :

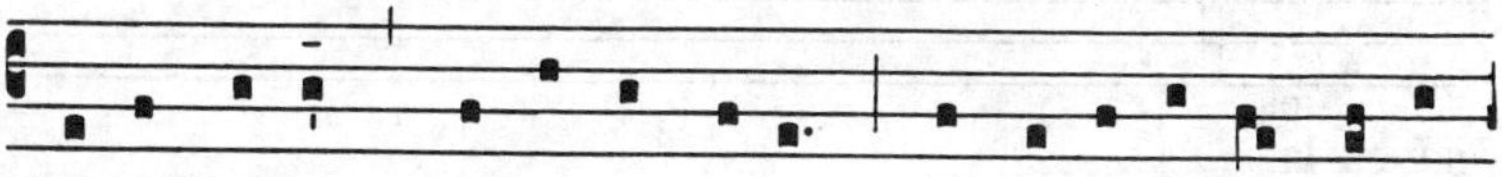

Pa-ter noster, qui es in cæ-lis : sancti- fi-cé- tur nomen

tu- um; advé-ni- at regnum tu- um; fi- at vo-lúntas tu- a,

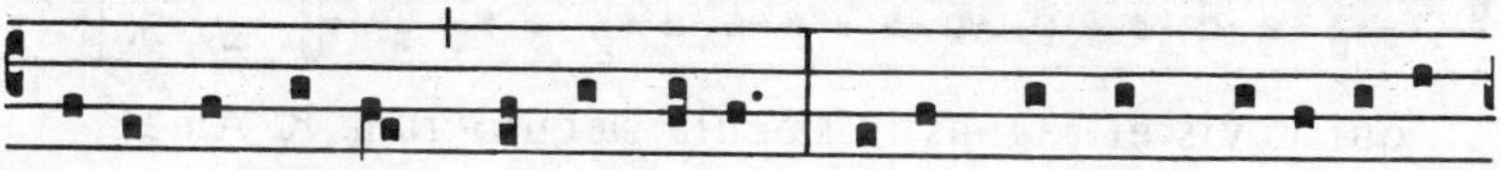

sic-ut in cæ-lo, et in terra. Panem nostrum co-ti-di- á-

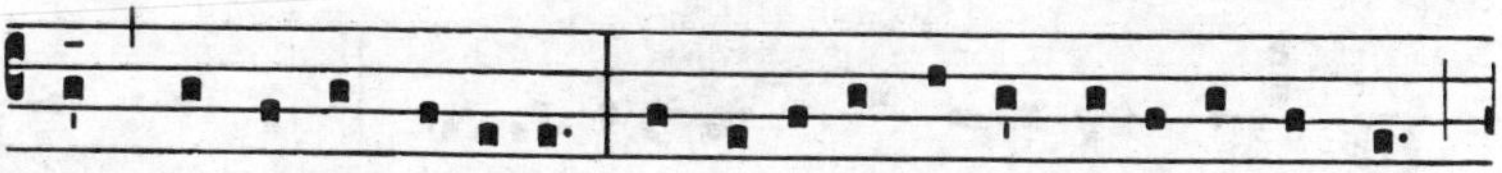

num da no-bis hó-di- e; et dimítte no-bis dé-bi-ta nostra,

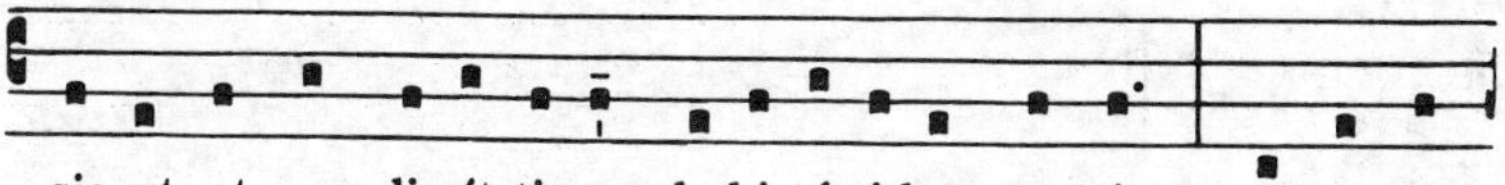

sic-ut et nos dimít-timus de-bi-tó-ri-bus nostris; et ne nos

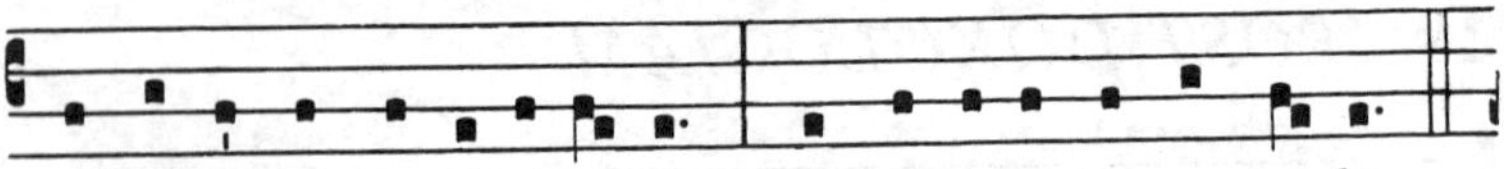

indú-cas in tenta-ti- ó- nem; sed lí-be-ra nos a ma- lo.

21 *ACCLAMATIO POST LIBERA NOS*

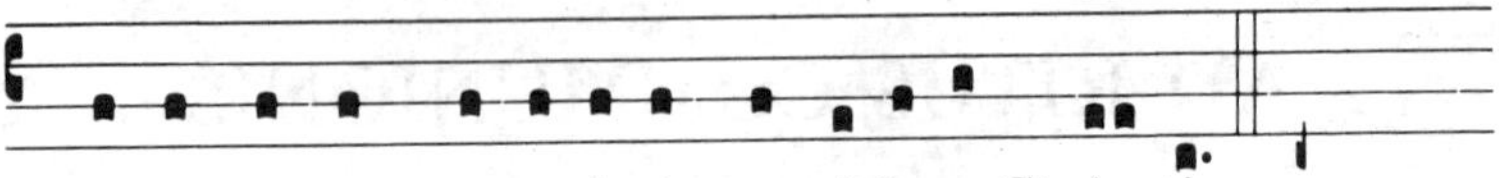

... et advéntum Salvató-ris nostri Iesu Chris- ti.

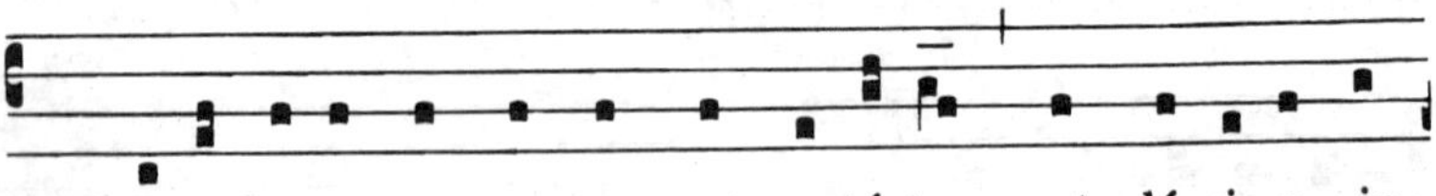

℟. Qui- a tu- um est regnum, et po-téstas, et gló- ri- a in

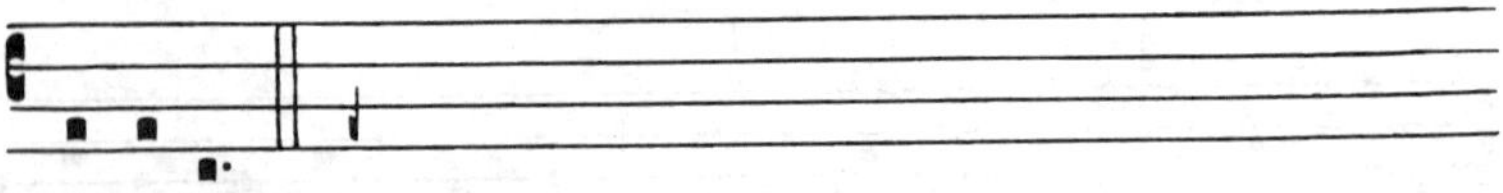

sǽ-cu-la.

22 *AD PACEM*

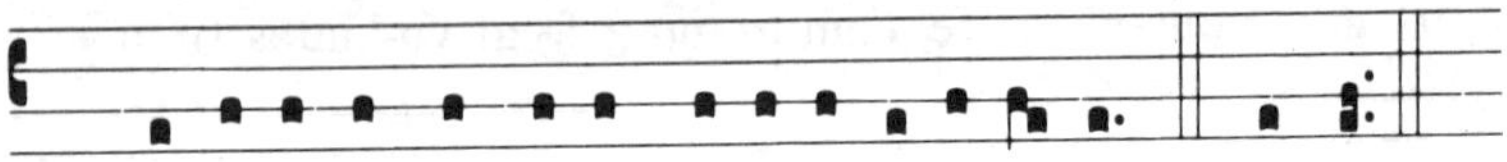

... qui vi-vis et regnas in sæcula sæculó- rum. ℟. Amen.

PAX Dómi- ni sit semper vo-bís-cum. ℟. Et cum spí-

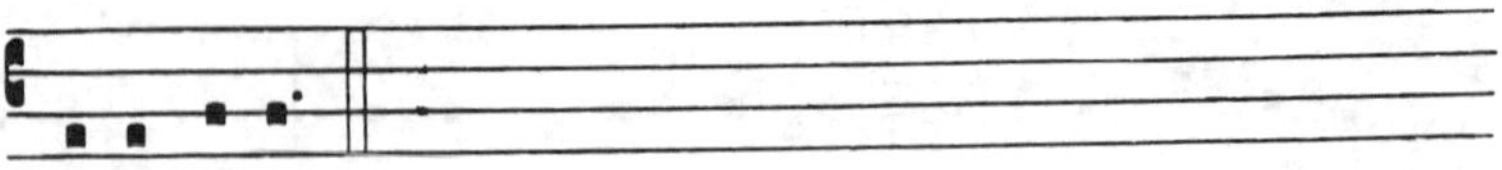

ri-tu tu- o.

23 *AGNUS DEI XVIII*

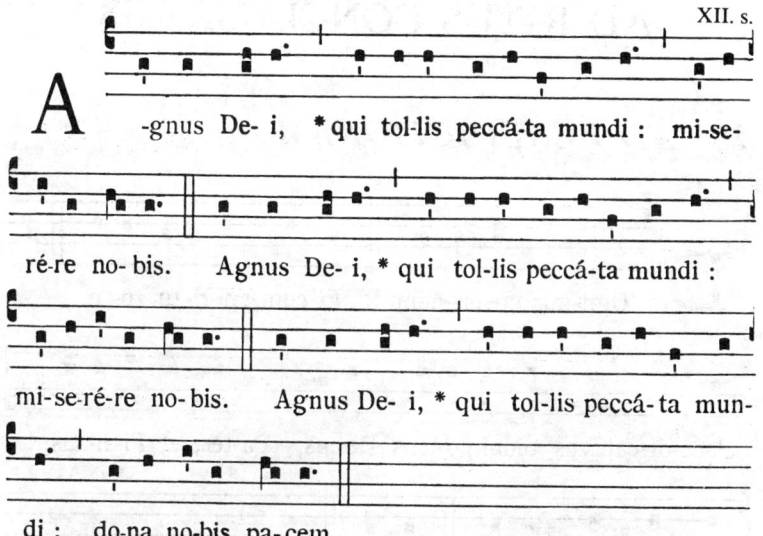

XII. s.

A-gnus De- i, * qui tol-lis peccá-ta mundi : mi-se-

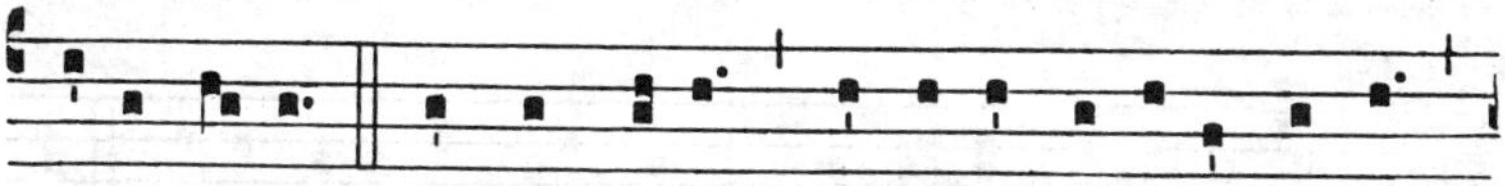

ré-re no- bis. Agnus De- i, * qui tol-lis peccá-ta mundi :

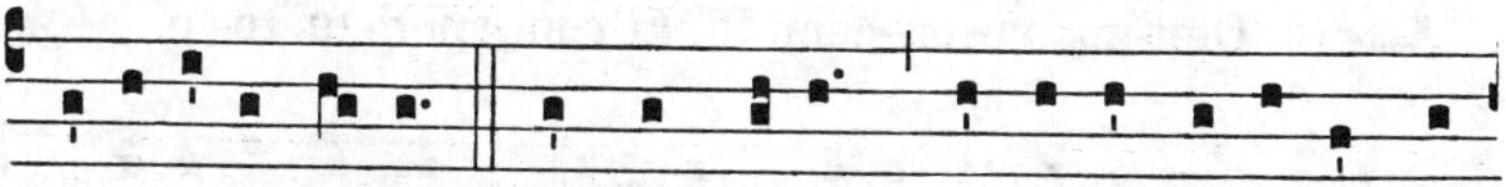

mi-se-ré-re no- bis. Agnus De- i, * qui tol-lis peccá- ta mun-

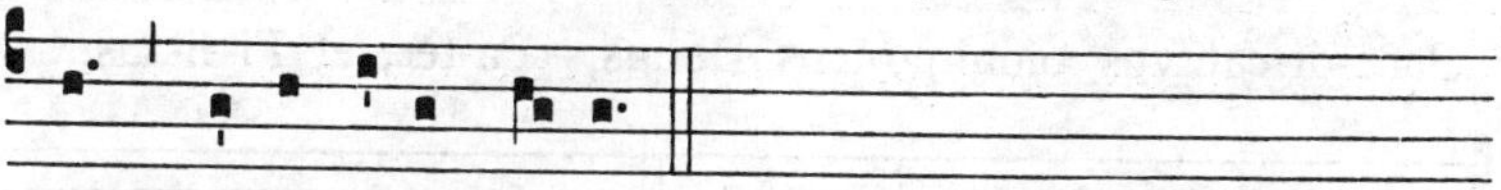

di : do-na no-bis pa- cem.

Aliae melodiae nn. 33, 38, 42, 46, 50, 53.

24 *AD ORAT. POST COMMUNIONEM*

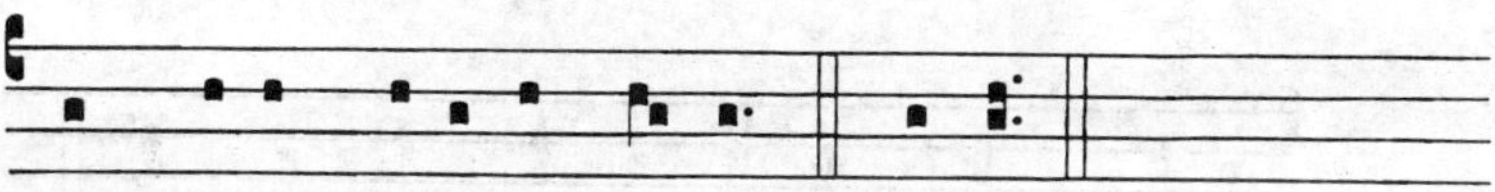

Per Christum Dómi-num nostrum. ℟. Amen.

AD RITUS CONCLUSIONIS

25 *AD BENEDICTIONEM*

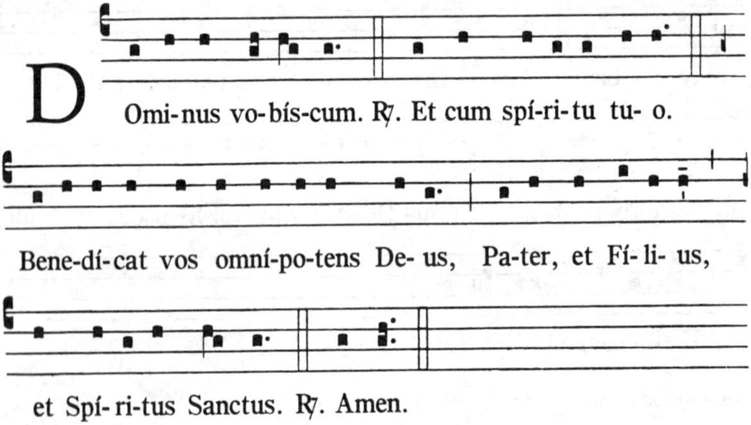
D Omi-nus vo-bís-cum. ℟. Et cum spí-ri-tu tu- o.
Bene-dí-cat vos omní-po-tens De- us, Pa-ter, et Fí- li- us,
et Spí- ri-tus Sanctus. ℟. Amen.

26 *AD BENEDICTIONEM EPISCOPALEM*

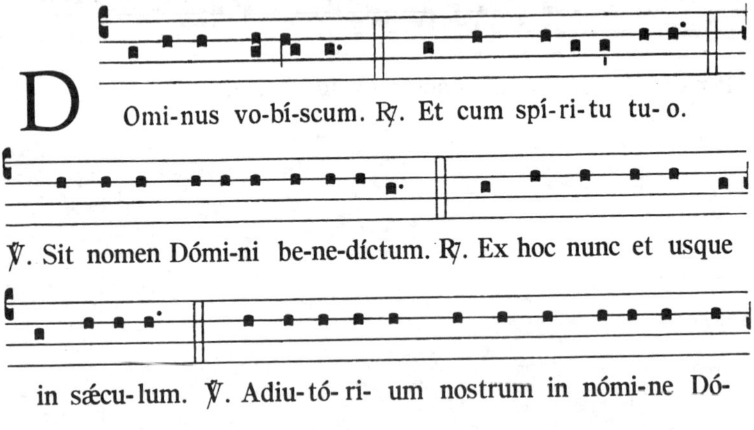
D Omi-nus vo-bí-scum. ℟. Et cum spí-ri-tu tu- o.
℣. Sit nomen Dómi-ni be-ne-díctum. ℟. Ex hoc nunc et usque
in sǽcu-lum. ℣. Adiu-tó- ri- um nostrum in nómi-ne Dó-

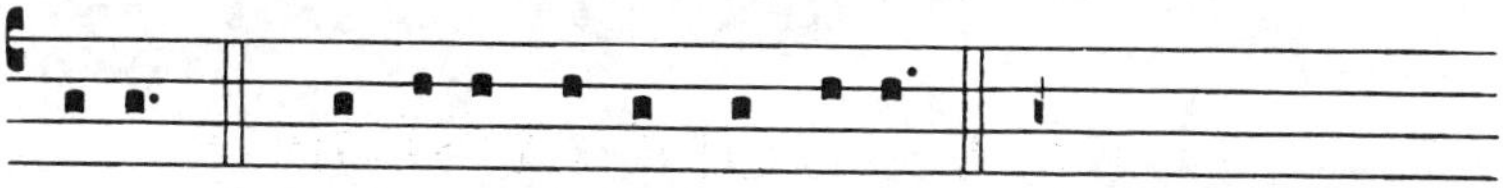

mi-ni. ℟. Qui fe-cit cæ-lum et terram.

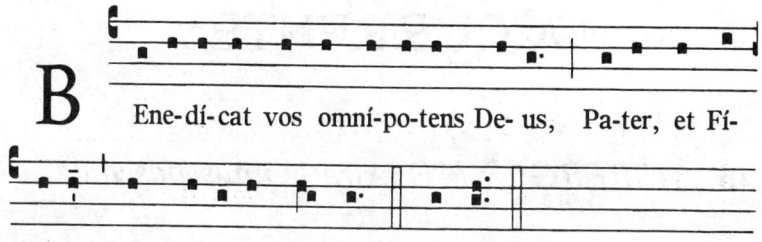

BEne-dí-cat vos omní-po-tens De- us, Pa-ter, et Fí-

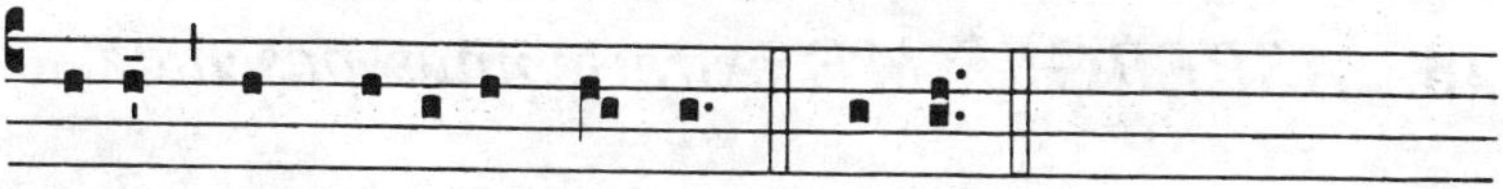

li- us, et Spí-ri-tus Sanctus. ℟. Amen.

27 *AD DIMITTENDUM POPULUM* [1]

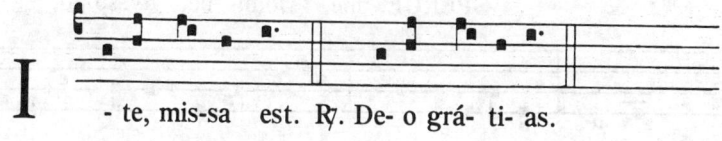

I - te, mis-sa est. ℟. De- o grá- ti- as.

[1] *Ubi, annuente Auctoritate territoriali, cantus ornatus servatur, utatur melodiis quae in appendice inveniuntur.*

CANTUS IN ORDINE MISSAE OCCURRENTES

28 *ASPERGES ME extra tempus paschale*

I

Ps. 50, 9 et 3 XIII. s.

A

VII.
A
-SPERGES me, * Dómi- ne, hyssó-po, et

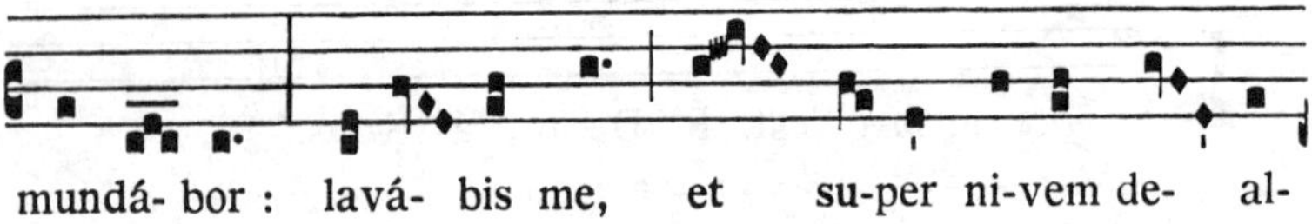
mundá- bor : lavá- bis me, et su-per ni-vem de- al-

Ad libitum :

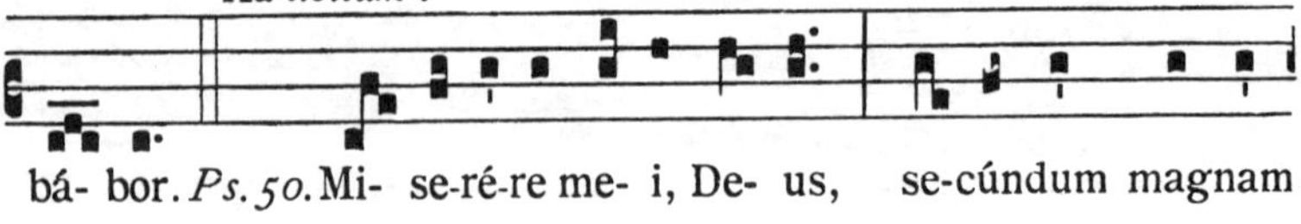
bá- bor. *Ps. 50.* Mi- se-ré-re me- i, De- us, se-cúndum magnam

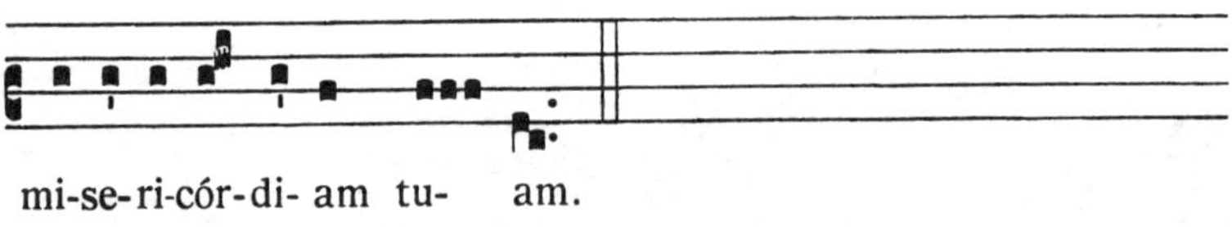
mi-se-ri-cór-di- am tu- am.

II

B X. s.

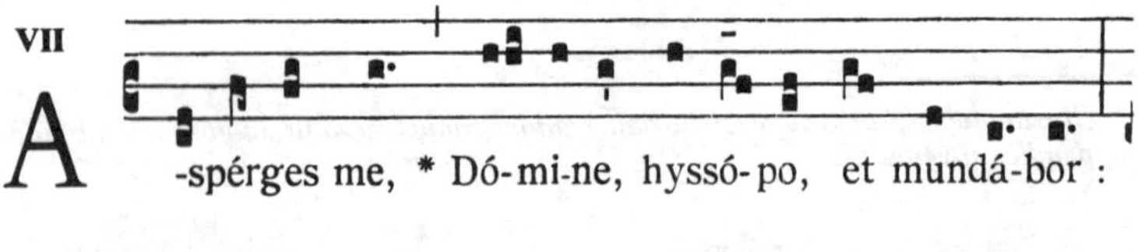
VII
A
-spérges me, * Dó-mi-ne, hyssó-po, et mundá-bor :

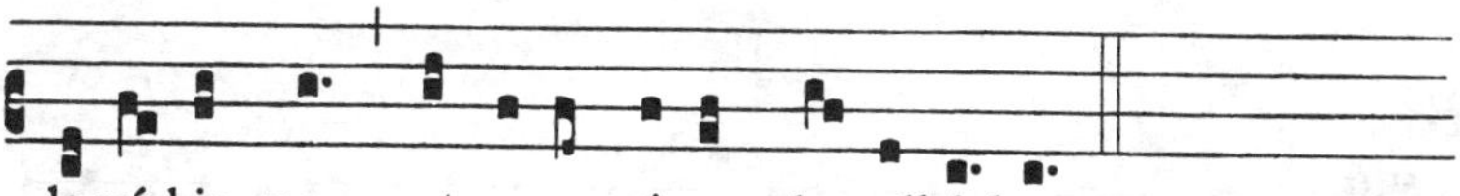

la-vá-bis me, et super nivem de- albá-bor.

Ps. Miserere, *ut supra.*

29 *VIDI AQUAM tempore paschali*

I

Ezech. 47, 1. 9 X. s.

A
VIII.

VI-di a-quam * egre- di- én- tem de tem-

plo, a lá- te-re dex- tro, alle- lú- ia : et

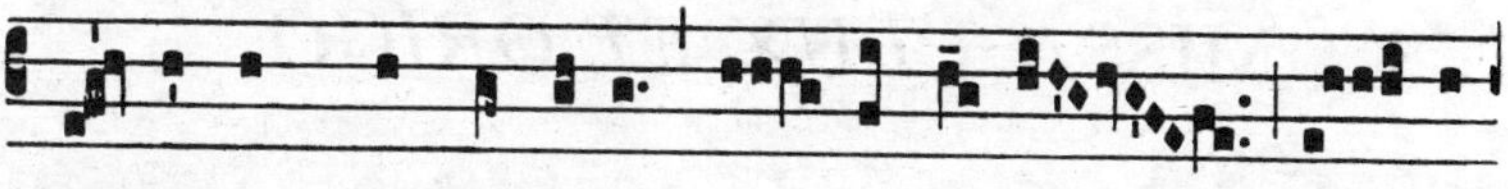

omnes, ad quos pervé-nit a- qua i-sta, sal- vi

fa- cti sunt, et di- cent, alle-lú- ia, al- le- lú- ia.

Ad libitum

Ps. 117. Confi- témi-ni Dómi-no quó-ni- am bonus : * quó-ni- am

in saécu-lum mi-se-ri-cór- di- a e-jus.

II

B

VIII.
V I-di aquam egredi- éntem de templo, a lá-te-re
dextro, alle-lú- ia : et omnes, ad quos pervénit aqua ista, salvi facti sunt, et di- cent : alle- lú- ia, alle-lú- ia.

Psalmus ut supra.

MISSA I *LUX ET ORIGO*

30 *KYRIE*

X. s.
VIII.
K Y- ri- e * e- lé- i-son. bis Chri- ste
e- lé- i-son. bis Ký- ri- e e- lé- i-son.
Ký-ri- e e- lé- i-son.

31 *GLORIA*

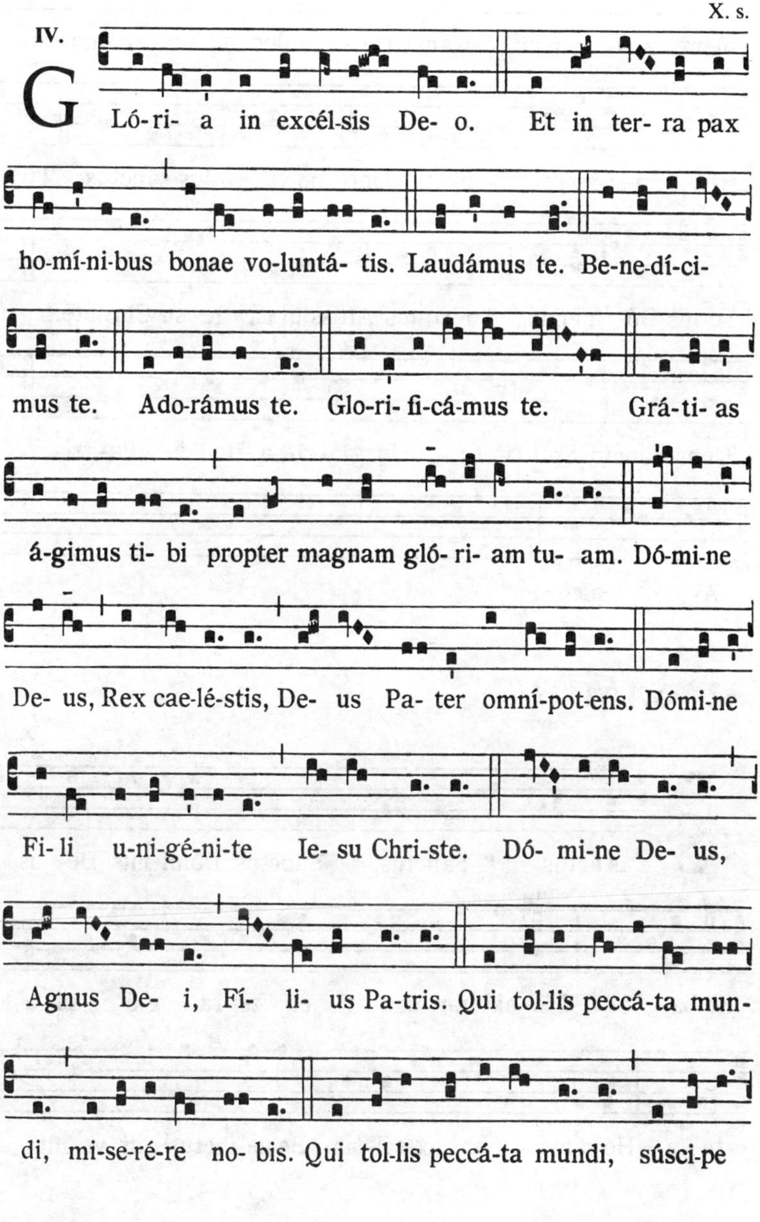
X. s.
IV.
GLó-ri- a in excél-sis De- o. Et in ter- ra pax
ho-mí-ni-bus bonae vo-luntá- tis. Laudámus te. Be-ne-dí-ci-
mus te. Ado-rámus te. Glo-ri- fi-cá-mus te. Grá-ti- as
á-gimus ti- bi propter magnam gló- ri- am tu- am. Dó-mi-ne
De- us, Rex cae-lé-stis, De- us Pa- ter omní-pot-ens. Dómi-ne
Fi- li u-ni-gé-ni-te Ie- su Chri-ste. Dó- mi-ne De- us,
Agnus De- i, Fí- li- us Pa-tris. Qui tol-lis peccá-ta mun-
di, mi-se-ré-re no- bis. Qui tol-lis peccá-ta mundi, súsci-pe

depre-ca-ti- ó-nem nostram. Qui se-des ad déx- te-ram Pa-
tris, mi-se-ré-re no- bis. Quóni- am tu so-lus sanctus Tu
so-lus Dó- mi-nus. Tu so-lus Altíssimus, Ie- su Chri-ste.
Cum Sancto Spí- ri- tu, in gló- ri- a De- i Pa- tris.
A- men.

32 *SANCTUS*

X. s.

IV.
SAnctus, * Sanctus, Sanctus Dómi-nus De- us
Sá-ba- oth. Ple-ni sunt cae- li et ter-ra gló- ri- a
tu- a. Ho-sánna in ex-cél-sis. Be-ne-díctus qui ve-nit

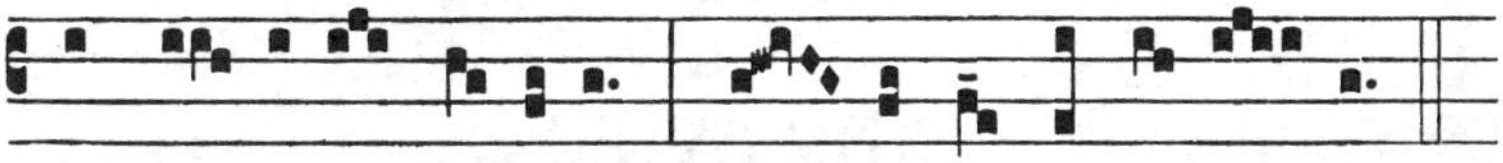

in nó- mi-ne Dó-mi-ni. Ho- sánna in excél- sis.

33 *AGNUS DEI*

X. s.

IV.

A -gnus De- i, * qui tol-lis peccá- ta mun- di : mi-se-

ré- re no- bis. Agnus De- i, * qui tol-lis peccá-

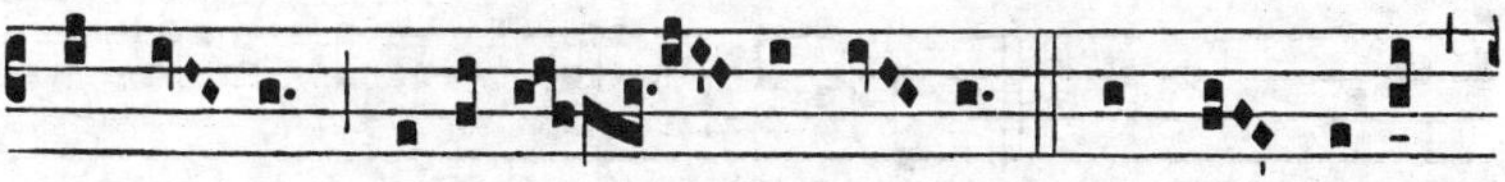

ta mun-di : mi-se-ré- re no- bis. Agnus De- i, *

qui tol-lis peccá- ta mun- di : dona no- bis pa- cem.

Dominica Resurrectionis, infra octavam Paschae necnon dominica Pentecostes:

34

VIII.

I - te, missa est, alle-lú- ia, alle- lú- ia.
De- o grá- ti- as, alle-lú- ia, alle- lú- ia.

MISSA IV
CUNCTIPOTENS GENITOR DEUS

35 *KYRIE*

X. s.

I.

KY-ri- e * e- lé- i-son. *bis* Chri-

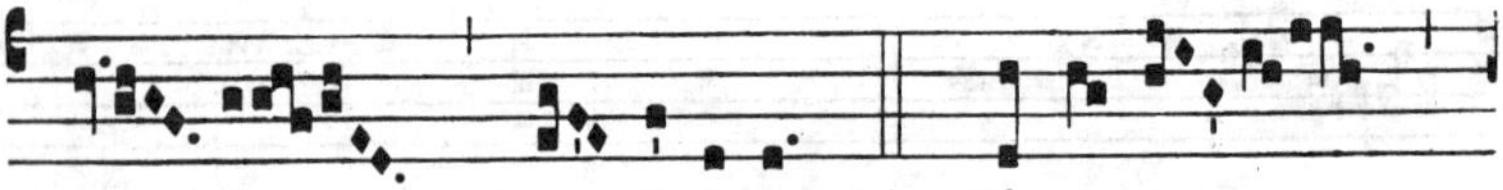

ste e- lé- i-son. *bis* Ký- ri- e

e- lé- i-son. Ký-ri- e * **

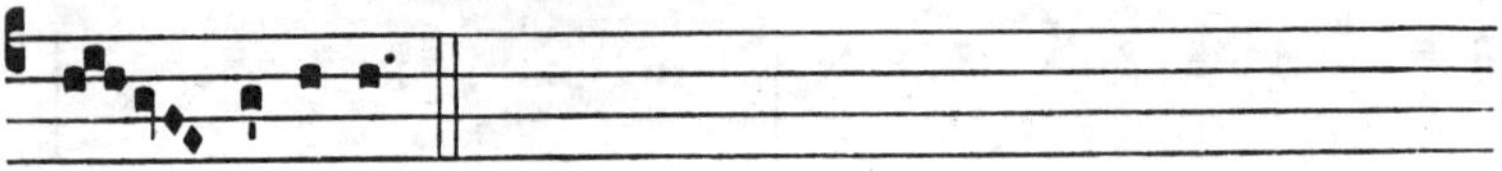

e- lé- i-son.

36 *GLORIA*

X. s.

IV.

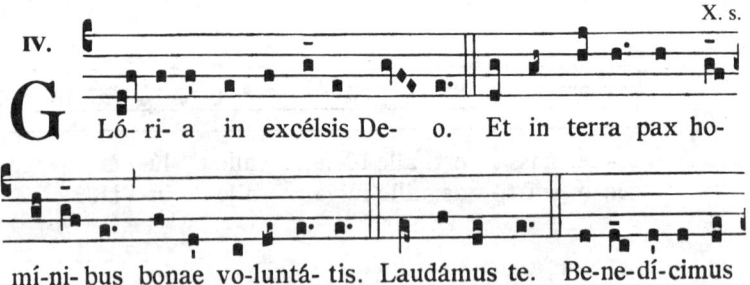

GLó- ri- a in excélsis De- o. Et in terra pax ho-

mí-ni- bus bonae vo-luntá- tis. Laudámus te. Be-ne-dí-cimus

te. Ado-rá- mus te. Glo- ri- fi-cá- mus te. Grá-ti- as
á-gimus ti-bi propter magnam gló- ri- am tu- am. Dómi-ne
De- us, Rex cae-léstis, De- us Pa- ter omní- pot-ens.
Dómi-ne Fi- li u-ni- gé-ni- te Ie- su Chri- ste.
Dómi-ne De- us, Agnus De- i, Fí- li- us Pa- tris. Qui
tol-lis peccá- ta mundi, mi- se- ré-re no- bis. Qui tol-lis peccá-ta mundi, súsci-pe depre-ca-ti- ónem nostram. Qui se-
des ad déx-te-ram Patris, mi- se- ré-re no- bis. Quó-ni- am
tu so-lus sanctus. Tu so-lus Dó-mi-nus. Tu so-lus Altíssi-

mus, Ie- su Chri- ste. Cum San-cto Spí- ri- tu
in gló-ri- a De- i Pa- tris. A- men.

37 *SANCTUS*

XI. s.

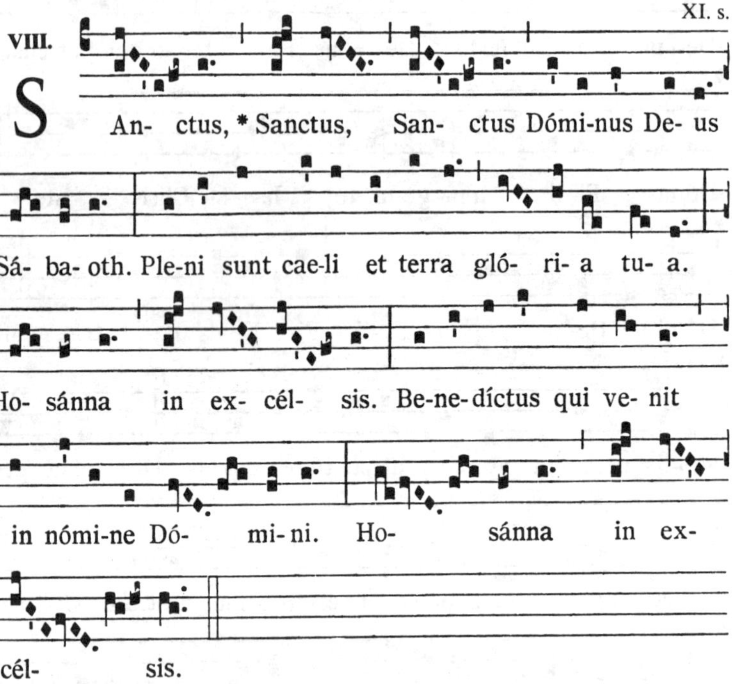
VIII.
SAn- ctus, * Sanctus, San- ctus Dómi-nus De- us
Sá- ba- oth. Ple-ni sunt cae-li et terra gló- ri- a tu- a.
Ho- sánna in ex- cél- sis. Be-ne-díctus qui ve- nit
in nómi-ne Dó- mi- ni. Ho- sánna in ex-
cél- sis.

38 *AGNUS DEI*

(XII) XIII. s.

VI.
A-gnus De- i, * qui tol-lis peccá-ta mundi : mi-se-

ré- re no- bis. Agnus De- i, * qui tol-lis peccá-ta mun-

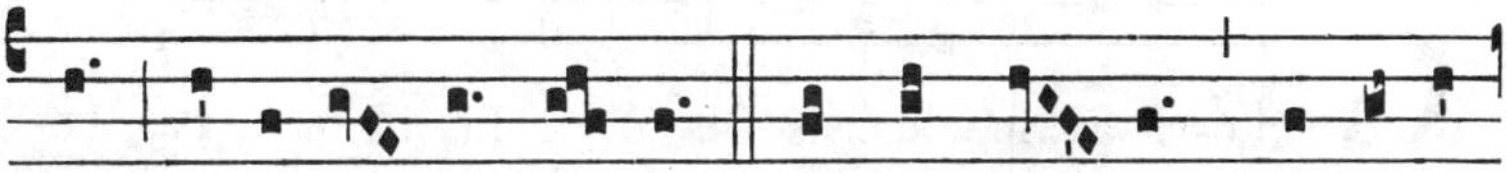

di : mi- se- ré- re no- bis. Agnus De- i, * qui tol-lis

peccá-ta mundi : dona no- bis pa- cem.

MISSA VIII *DE ANGELIS*

39 *KYRIE*

XV-XVI. s.

V.

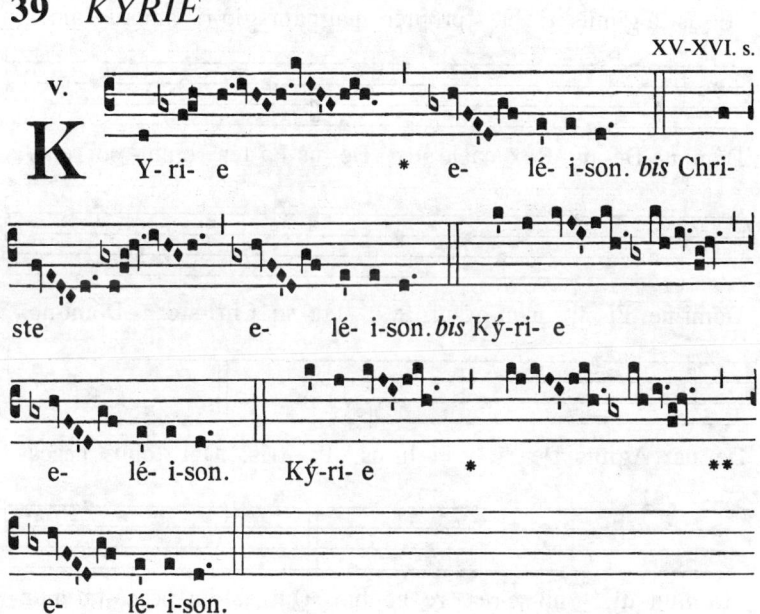

K Y- ri- e * e- lé- i-son. *bis* Chri-

ste e- lé- i-son. *bis* Ký-ri- e

e- lé- i-son. Ký-ri- e * **

e- lé- i-son.

40 *GLORIA*

xvi. s.

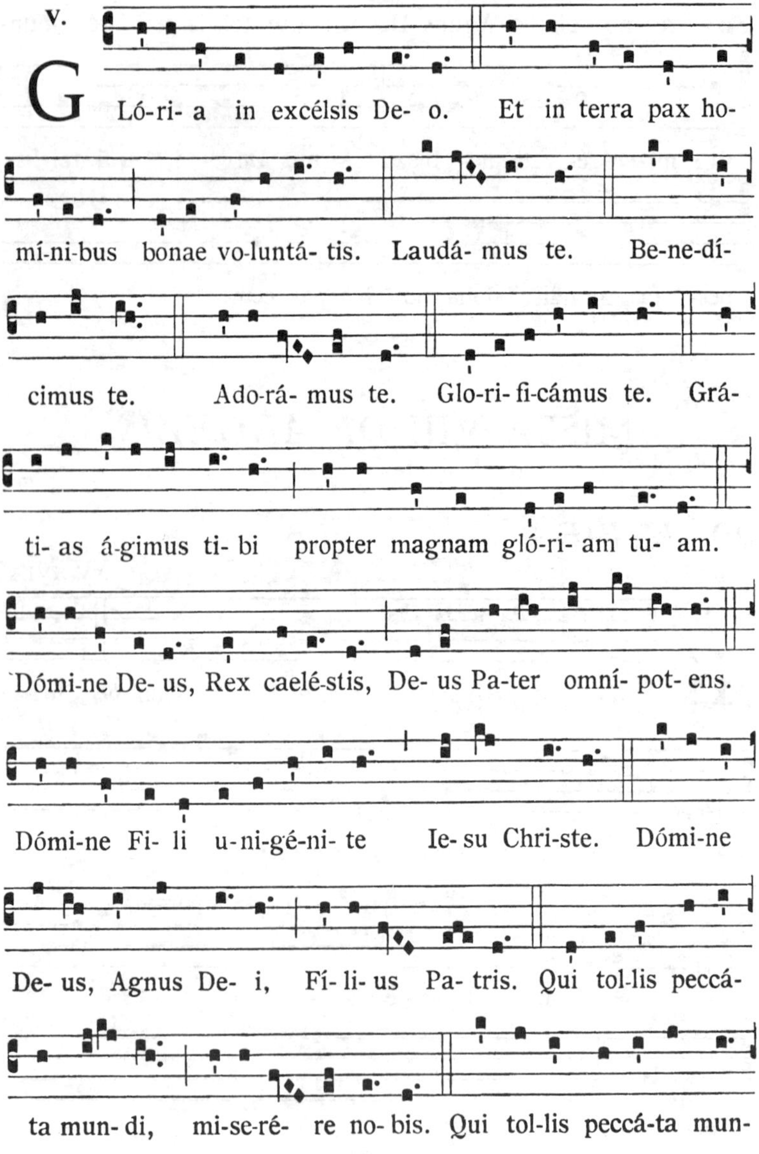
V.
GLó-ri- a in excélsis De- o. Et in terra pax ho-
mí-ni-bus bonae vo-luntá- tis. Laudá- mus te. Be-ne-dí-
cimus te. Ado-rá- mus te. Glo-ri- fi-cámus te. Grá-
ti- as á-gimus ti- bi propter magnam gló-ri- am tu- am.
Dómi-ne De- us, Rex caelé-stis, De- us Pa-ter omní- pot- ens.
Dómi-ne Fi- li u-ni-gé-ni- te Ie- su Chri-ste. Dómi-ne
De- us, Agnus De- i, Fí- li- us Pa- tris. Qui tol-lis peccá-
ta mun- di, mi-se-ré- re no- bis. Qui tol-lis peccá-ta mun-

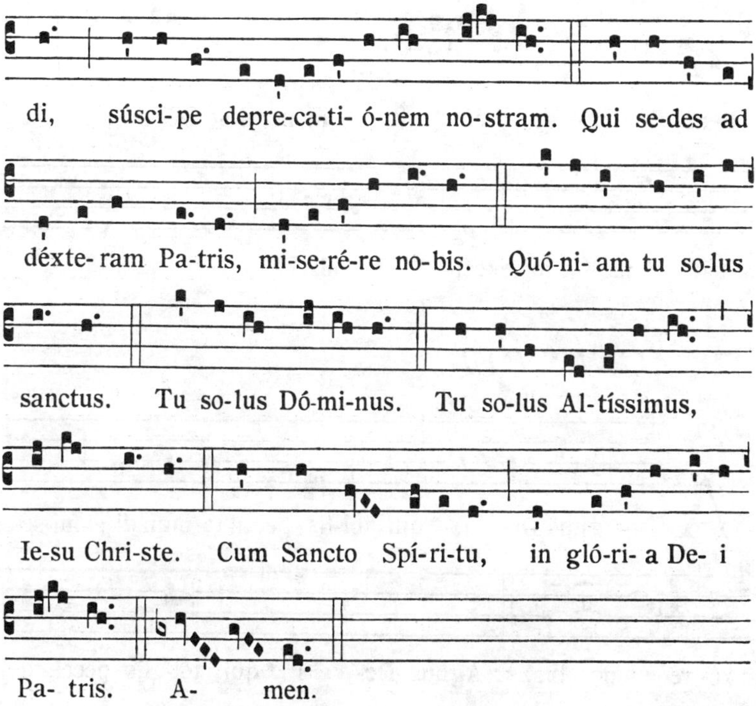
di, súsci-pe depre-ca-ti- ó-nem no-stram. Qui se-des ad
déxte-ram Pa-tris, mi-se-ré-re no-bis. Quó-ni- am tu so-lus
sanctus. Tu so-lus Dó-mi-nus. Tu so-lus Al-tíssimus,
Ie-su Chri-ste. Cum Sancto Spí-ri-tu, in gló-ri- a De- i
Pa- tris. A- men.

41 *SANCTUS*

(XI) XII. s.

VI.
SAn- ctus, * Sanctus, San- ctus Dó- mi- nus
De- us Sá- ba- oth. Ple-ni sunt cae- li et
ter- ra gló- ri- a tu- a. Ho-sánna in excél- sis.

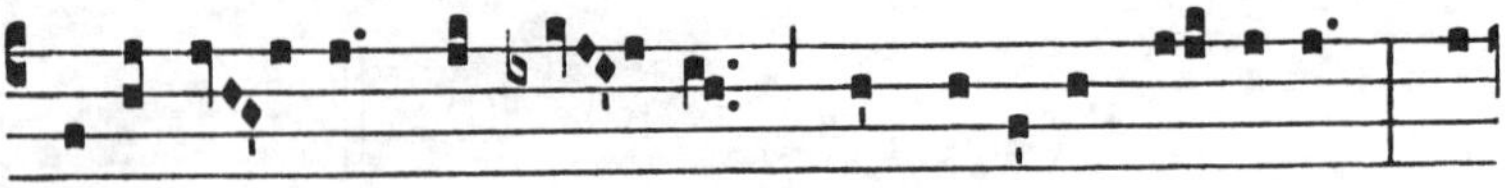

Bene- dí- ctus qui ve- nit in nómi-ne Dó- mi-ni. Ho-

sán- na in excél- sis.

42 *AGNUS DEI*

XV. s.

VI.

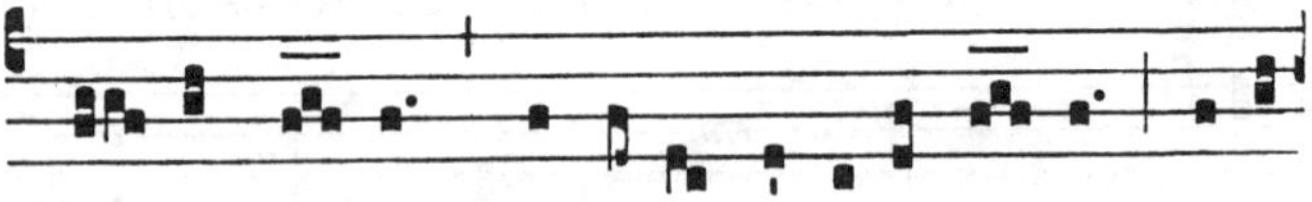

A - gnus De- i, * qui tol-lis peccá-ta mun-di : mi-se-

ré- re no- bis. Agnus De- i, * qui tol- lis peccá-ta

mun-di : mi-se-ré- re no- bis. A-gnus De- i, * qui tol-

lis peccá-ta mun-di : dona no- bis pa- cem.

MISSA IX *CUM JUBILO*

43 *KYRIE*

XII. s.

I.
K Y- ri- e * e-lé- i-son. Ký-ri- e e-lé- i-
son. Ký- ri- e e- lé- i- son. Chri-ste e- lé- i-
son. Chri- ste e-lé- i- son. Chri- ste e- lé- i-
son. Ký-ri- e e- lé- i- son. Ký- ri- e
e-lé- i- son. Ký-ri- e * **
e-lé- i- son.

44 *GLORIA*

XI. s.

VII.
GLó- ri- a in excélsis De- o. Et in ter-ra pax ho-
mí- ni- bus bonae vo-luntá- tis. Laudá- mus te. Be-ne-
dí-cimus te. Ado- rá- mus te. Glo-ri- fi-cá- mus te.
Grá-ti- as á-gimus ti- bi propter magnam gló- ri- am tu- am.
Dómi-ne De- us, Rex cae- léstis, De- us Pa- ter omní-
pot- ens. Dómi-ne Fi- li u-ni-gé- ni- te Ie-su Chri- ste.
Dó- mi-ne De- us, Agnus De- i, Fí- li- us Pa-tris. Qui
tol-lis peccá- ta mundi, mi-se-ré- re no-bis. Qui tol-lis pec-

cá- ta mundi, sús- ci- pe depre-ca- ti- ó- nem nostram.
Qui se-des ad déxte-ram Patris, mi-se-ré- re no-bis. Quóni- am
tu so-lus sanctus. Tu so- lus Dómi-nus. Tu so-lus Altíssimus, Ie-su Chri- ste. Cum Sancto Spí-ri-tu, in gló-ri- a
De- i Pa- tris. A- men.

45 *SANCTUS*

XIV. s.

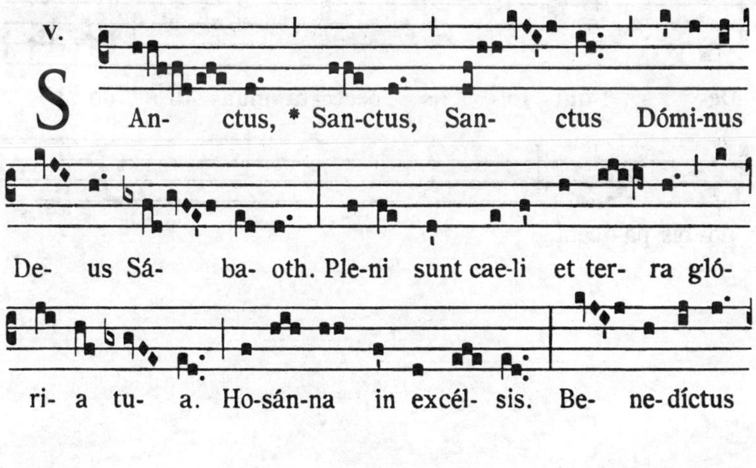
v.
SAn- ctus, * San-ctus, San- ctus Dómi-nus
De- us Sá- ba- oth. Ple-ni sunt cae-li et ter- ra gló-
ri- a tu- a. Ho-sán-na in excél- sis. Be- ne- díctus

qui ve- nit in nó- mi- ne Dó- mi- ni. Ho-
sánna in ex- cél- sis.

46 *AGNUS DEI*

(X) XIII. s.

V.
A -gnus De- i, * qui tol- lis peccá-ta mundi : mi- se- ré-re no- bis. Agnus De- i, * qui tol-
lis peccá- ta mundi : mi- se- ré- re no- bis. Agnus
De- i, * qui tol- lis peccá-ta mun- di : do-na
no- bis pa- cem.

MISSA XI *ORBIS FACTOR*

47 *KYRIE*

X. s.

I.

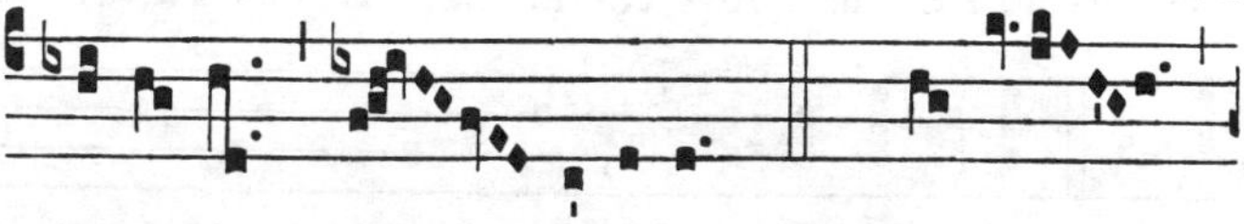

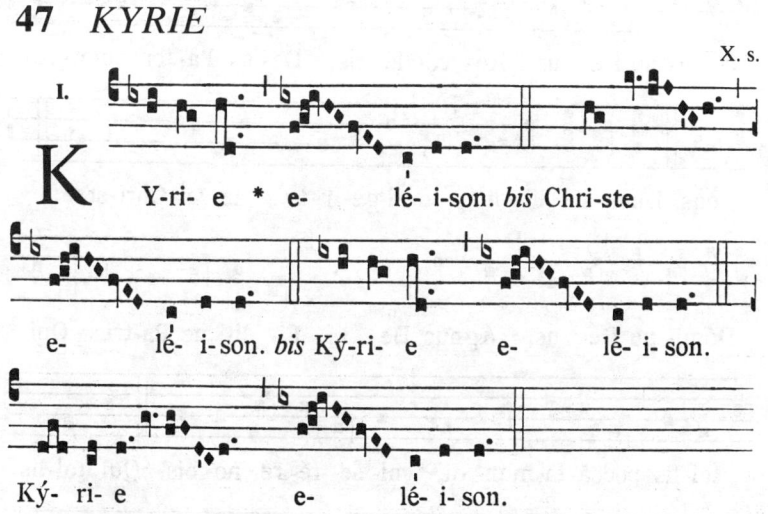

K Y-ri- e * e- lé- i-son. *bis* Chri-ste

e- lé- i-son. *bis* Ký-ri- e e- lé- i- son.

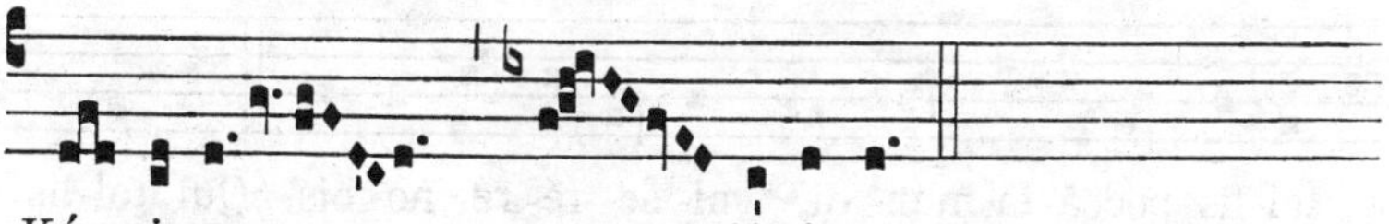

Ký- ri- e e- lé- i- son.

48 *GLORIA*

X. s.

II.

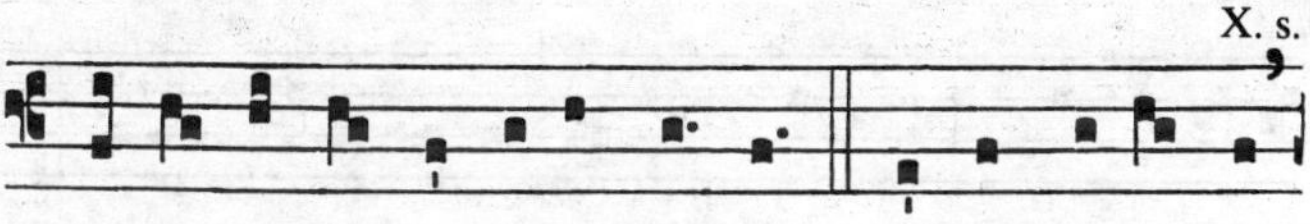

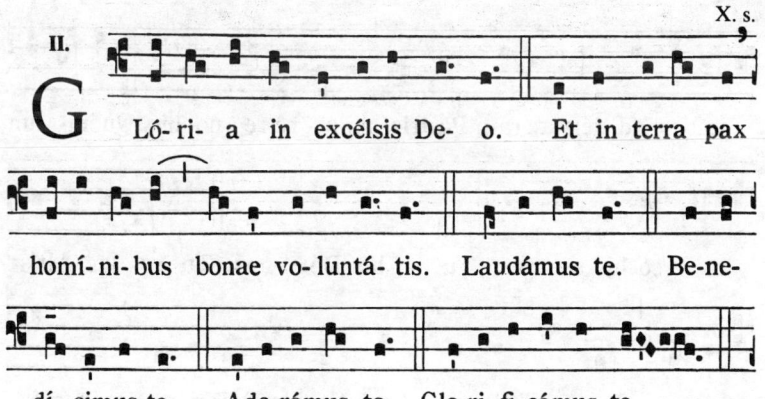

G Ló- ri- a in excélsis De- o. Et in terra pax

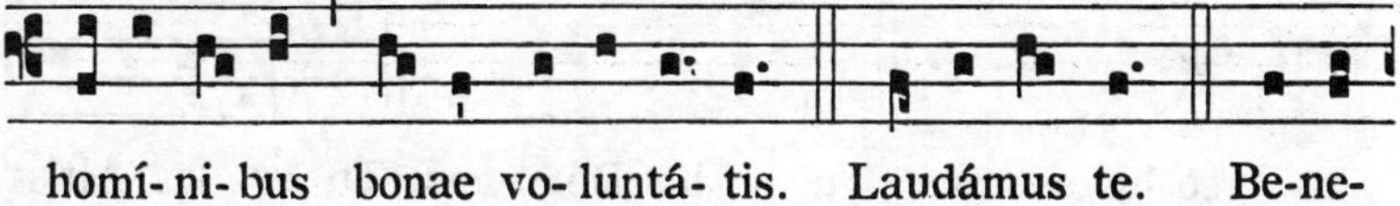

homí- ni- bus bonae vo- luntá- tis. Laudámus te. Be-ne-

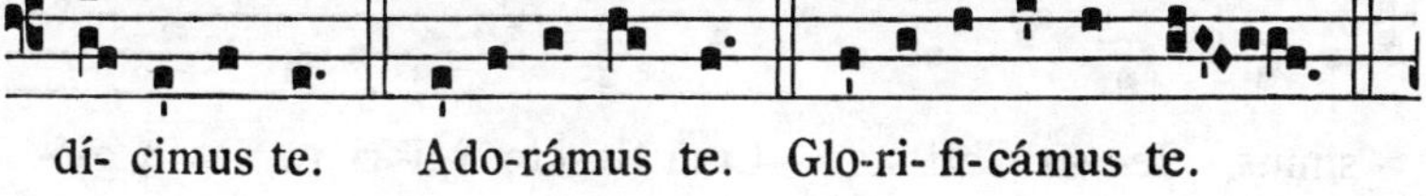

dí- cimus te. Ado-rámus te. Glo-ri- fi-cámus te.

Grá-ti- as ágimus ti-bi propter magnam gló- ri- am tu- am.
Dómi- ne De- us, Rex cae-lé-stis, De- us Pa- ter omní- pot-
ens. Dómi- ne Fi- li u-ni-gé-ni-te Ie- su Chri-ste.
Dómi- ne De- us, Agnus De- i, Fí- li- us Pa-tris. Qui
tol-lis peccá-ta mun- di, mi- se- ré- re no- bis. Qui tol-lis
peccá-ta mun-di, súsci-pe depre-ca-ti- ó-nem nostram. Qui
se-des ad déx- te-ram Pa-tris, mi-se- ré-re no- bis. Quóni- am
tu so-lus sanctus. Tu so-lus Dómi-nus. Tu so- lus Altíssimus, Ie- su Chri-ste. Cum Sancto Spí- ri- tu, in gló-

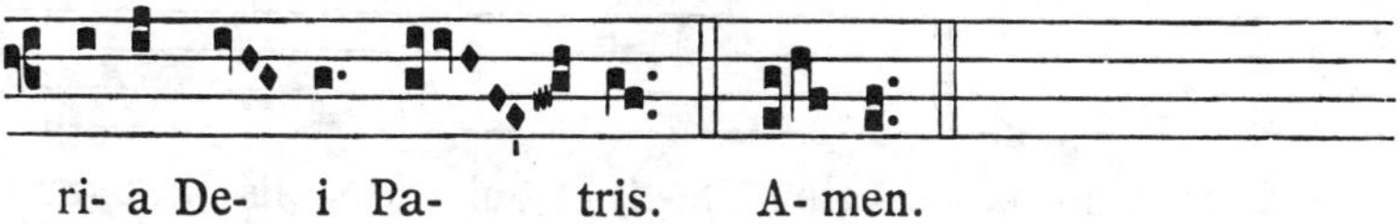
ri- a De- i Pa- tris. A- men.

49 *SANCTUS*

XI. s.

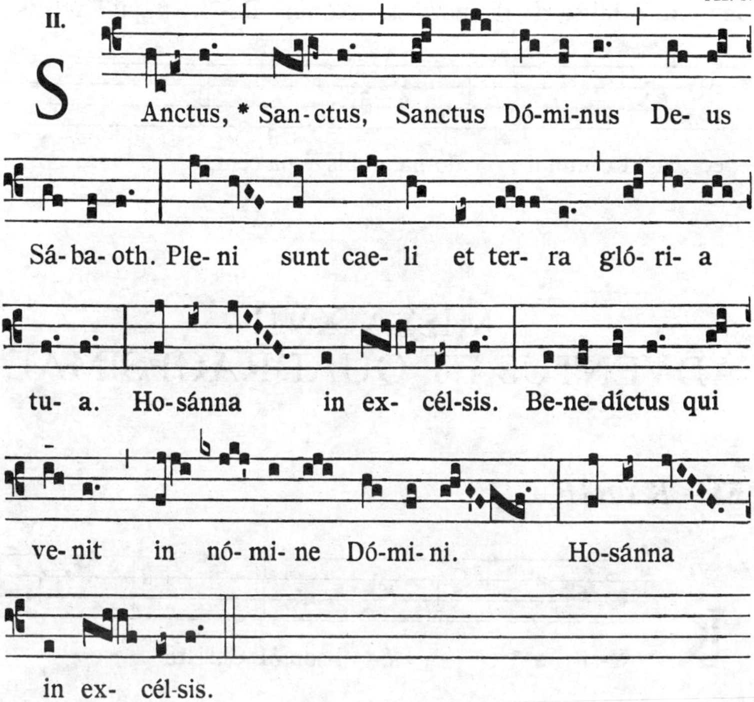
II.
S Anctus, * San-ctus, Sanctus Dó-mi-nus De- us
Sá-ba-oth. Ple- ni sunt cae- li et ter- ra gló- ri- a
tu- a. Ho-sánna in ex- cél-sis. Be-ne-díctus qui
ve-nit in nó- mi- ne Dó-mi- ni. Ho-sánna
in ex- cél-sis.

50 *AGNUS DEI*

XIV. s.

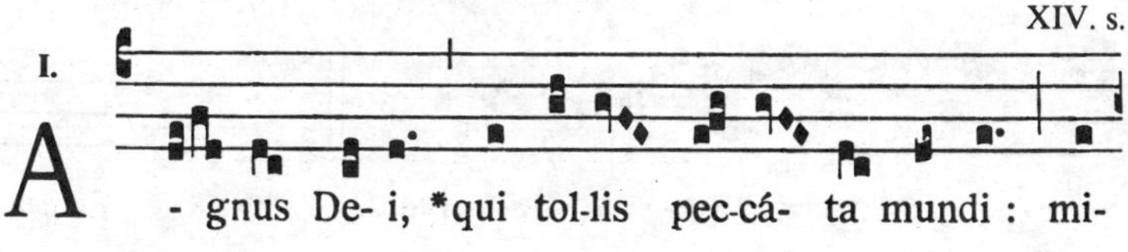
I.
A - gnus De- i, *qui tol-lis pec-cá- ta mundi : mi-

se-ré- re no-bis. Agnus De- i, * qui tol- lis peccá-ta

mun- di : mi-se-ré- re no-bis. Agnus De- i, * qui tol-lis

pec- cá- ta mundi : do-na nobis pa-cem.

MISSA XVII
ADVENTUS ET QUADRAGESIMAE

51 *KYRIE*

XIV. s.

VI.

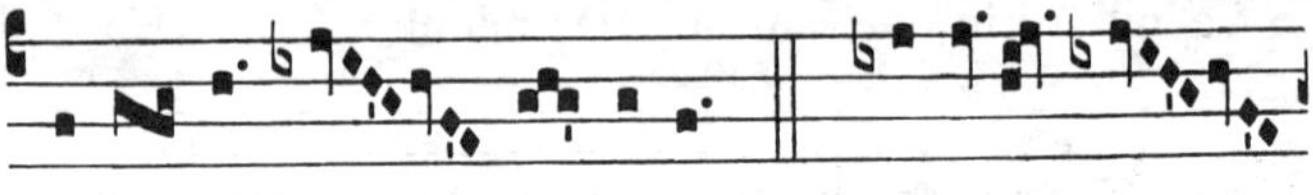
K Y-ri- e * e- lé- i-son. *bis* Christe e-

lé- i-son. *bis* Ký-ri- e e- lé- i-son. Ký-ri-

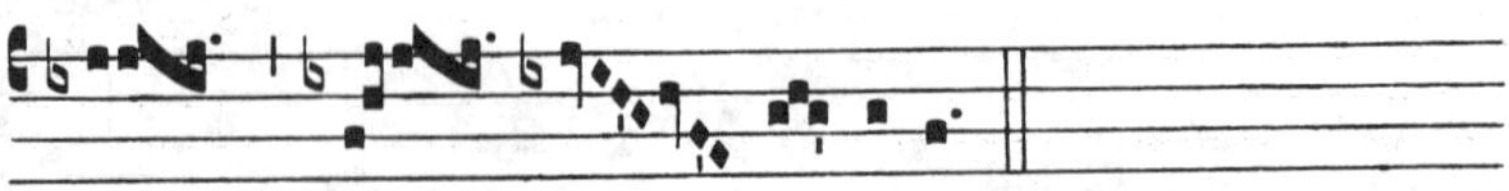
e * ** e- lé- i-son.

52 *SANCTUS*

XI. s.

v.
S An- ctus, * San- ctus, San- ctus Dómi-nus De- us
Sá- ba- oth. Ple- ni sunt cae- li et ter- ra gló-ri- a
tu- a. Ho- sánna in excél- sis. Be-ne- díctus
qui ve-nit in nó-mi-ne Dómi-ni. Ho- sánna in
excél- sis.

53 *AGNUS DEI*

XIII. s.

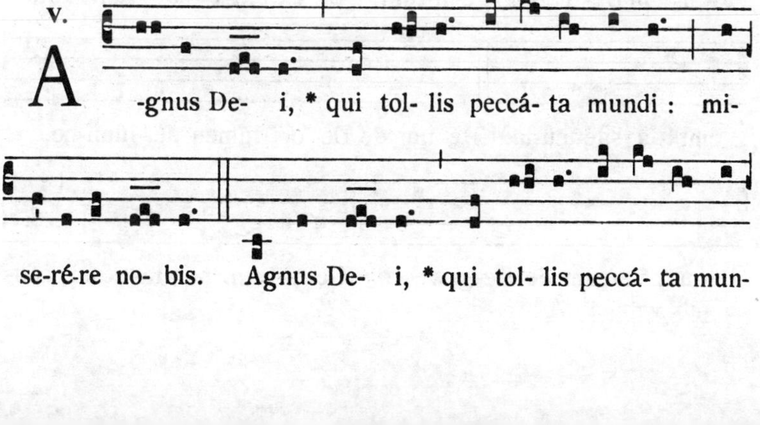
v.
A -gnus De- i, * qui tol- lis peccá- ta mundi : mi-
se-ré-re no- bis. Agnus De- i, * qui tol- lis peccá- ta mun-

di : mi-se-ré-re no- bis. Agnus De- i, * qui tol- lis pec-
cá- ta mundi : do-na no-bis pa- cem.

54 *CREDO III*

XVII. s.

V.
CRedo in unum De- um, Patrem omni-pot-éntem,
factó- rem caeli et terrae, vi- si-bí-li- um ómni- um, et in-
vi- si- bí- li- um. Et in unum Dómi-num Ie- sum Christum,
Fí- li- um De- i u-ni-gé-ni-tum. Et ex Patre na- tum ante
ómni- a saé- cu-la. De- um de De- o, lumen de lúmi-ne,
De- um ve-rum de De- o ve-ro. Gé-ni-tum, non ſa- ctum, con-

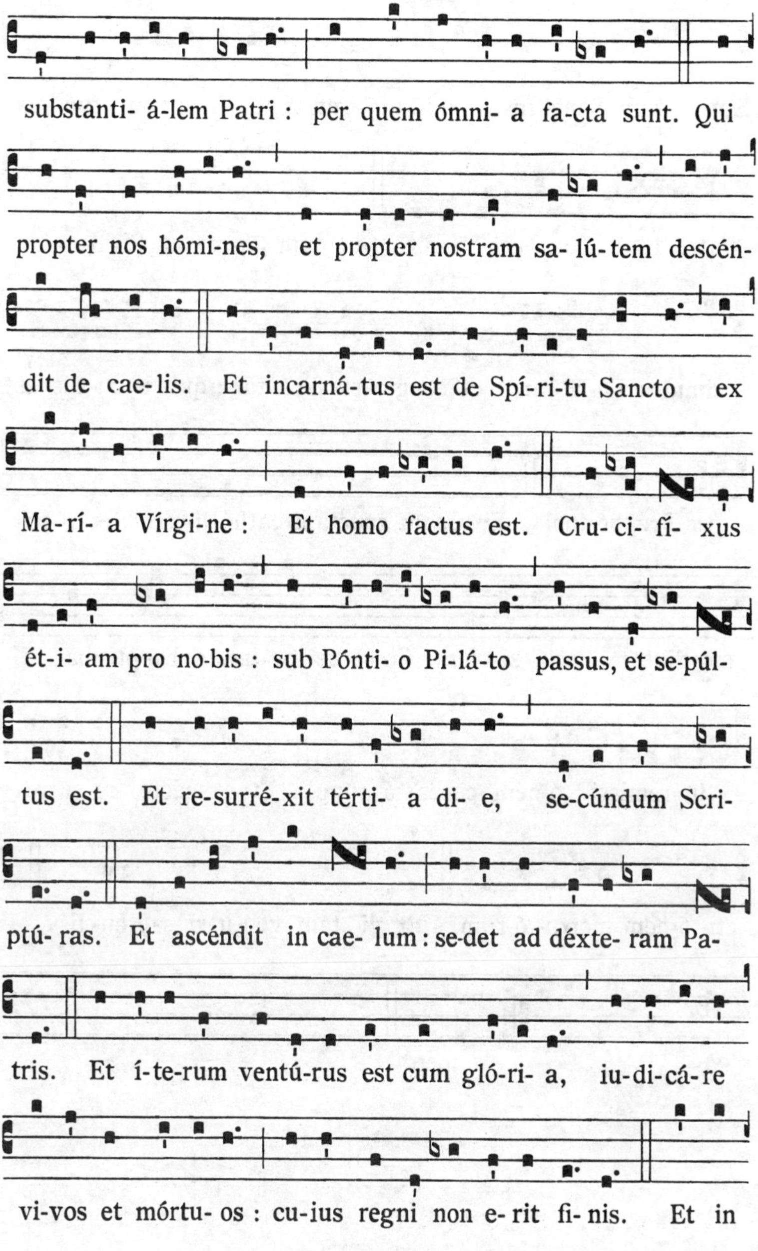
substanti- á-lem Patri : per quem ómni- a fa-cta sunt. Qui
propter nos hómi-nes, et propter nostram sa- lú-tem descéndit de cae-lis. Et incarná-tus est de Spí-ri-tu Sancto ex
Ma-rí- a Vírgi-ne : Et homo factus est. Cru- ci- fí- xus
ét-i- am pro no-bis : sub Pónti- o Pi-lá-to passus, et se-púl-
tus est. Et re-surré-xit térti- a di- e, se-cúndum Scri-
ptú- ras. Et ascéndit in cae- lum : se-det ad déxte- ram Pa-
tris. Et í-te-rum ventú-rus est cum gló-ri- a, iu-di-cá-re
vi-vos et mórtu- os : cu-ius regni non e- rit fi- nis. Et in

Spí- ri- tum Sanctum, Dómi-num, et vi-vi- fi-cántem : qui ex
Patre Fi- li- óque pro- cé-dit. Qui cum Patre et Fí- li- o
simul ad-o-rá-tur, et conglo-ri- fi-cá-tur : qui lo-cú-tus est
per Prophé-tas. Et unam sanctam cathó- li-cam et a-po-
stó- li- cam Ecclé- si- am. Confí- te- or unum ba-ptísma
in remissi- ó-nem pecca-tó- rum. Et exspécto re-surre-
cti- ó-nem mortu- ó-rum. Et vi- tam ventú- ri saé-cu- li.
A- men.

MISSA PRO DEFUNCTIS

55 *INTROITUS*

VI.
R E-qui- em * ae- tér- nam do- na e- is
Dómi- ne : et lux perpé- tu- a lú- ce- at
e- is. Ps. Te de- cet hymnus, De- us, in Si- on; et ti-bi
reddé-tur vo-tum in Ie-rú-sa-lem. Ant. Réquiem.
Qui au-dis o- ra- ti- ó-nem, ad te omnis ca-ro vé-ni- et
propter in-i-qui-tá-tem. Ant. Réquiem.

56 *KYRIE*

VI.
K Y-ri- e * e- lé- i-son. bis Chri-ste e- lé-

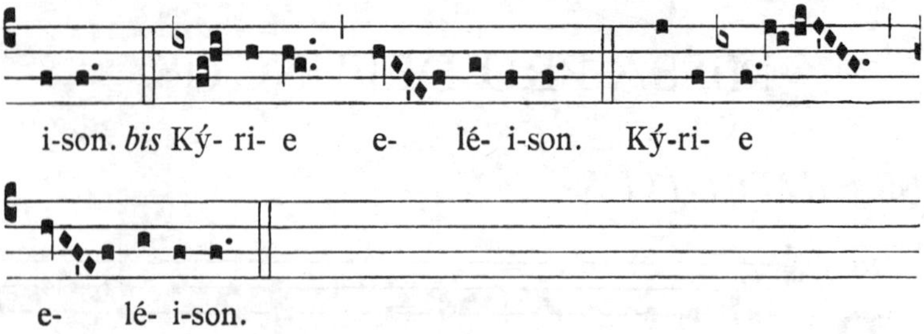
i-son. *bis* Ký- ri- e e- lé- i-son. Ký-ri- e
e- lé- i-son.

57 *OFFERTORIUM*

II.
DOmi-ne Ie-su Christe, * Rex gló- ri-
ae, lí-be-ra á-nimas ómni- um fi-dé- li- um de-fun-
ctó- rum de poenis infér- ni, et de pro-fúndo la- cu : lí-be-
ra e- as de o-re le- ó- nis, ne absórbe- at e- as tár-
ta-rus, ne cadant in obscú- rum : sed sígni-fer sanctus
Mí- cha- el repraeséntet e- as in lu- cem sanctam :

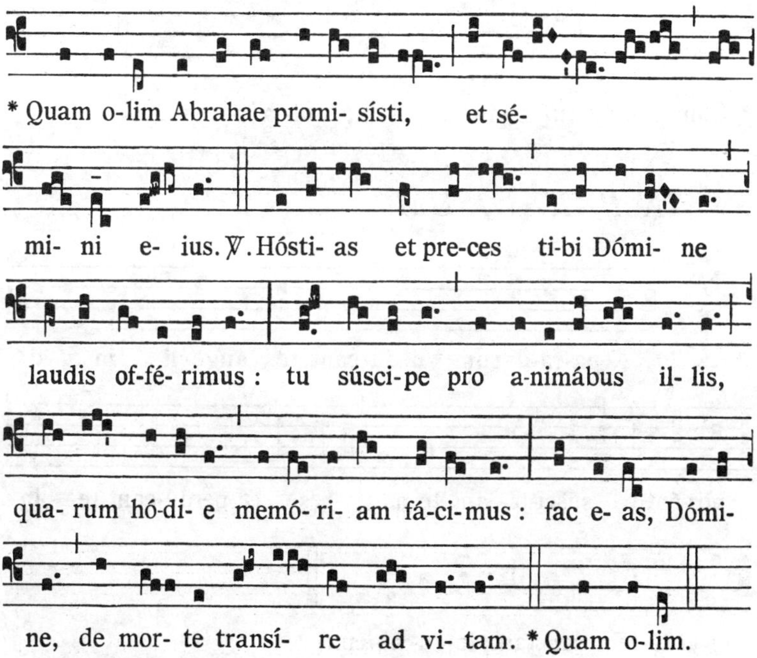
* Quam o-lim Abrahae promi- sísti, et sé-
mi- ni e- ius. ℣. Hósti- as et pre-ces ti-bi Dómi- ne
laudis of-fé- rimus : tu súsci-pe pro a-nimábus il- lis,
quа- rum hó-di- e memó- ri- am fá-ci-mus : fac e- as, Dómi-
ne, de mor- te transí- re ad vi- tam. * Quam o-lim.

Sanctus n. 17.
Agnus n. 23.

58 *COMMUNIO*

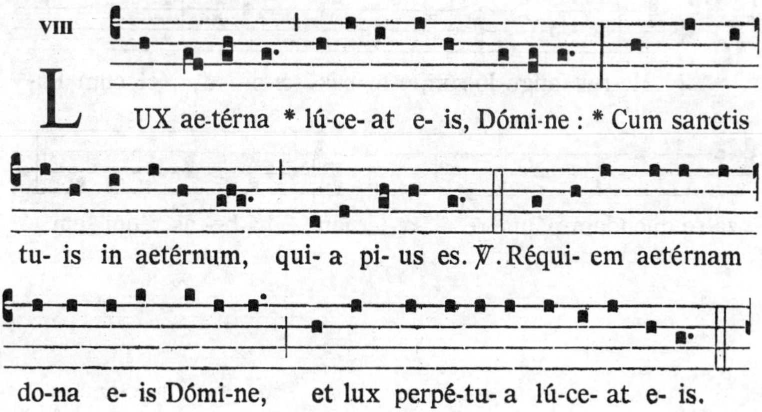
VIII
LUX ae-térna * lú-ce- at e- is, Dómi-ne : * Cum sanctis
tu- is in aetérnum, qui- a pi- us es. ℣. Réqui- em aetérnam
do-na e- is Dómi-ne, et lux perpé-tu- a lú-ce- at e- is.

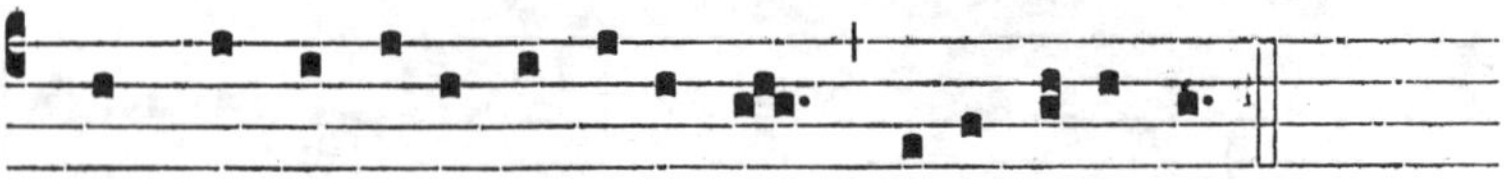

* Cum sanctis tu- is in aetérnum, qui- a pi- us es.

59 *IN PARADISUM*

VII.

IN pa-ra-dí-sum * dedú-cant te ánge- li : in tu- o

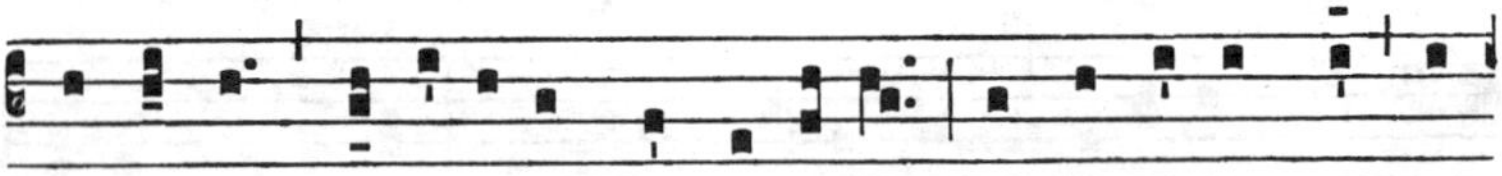

advéntu suscí-pi- ant te márty-res, et perdú-cant te in

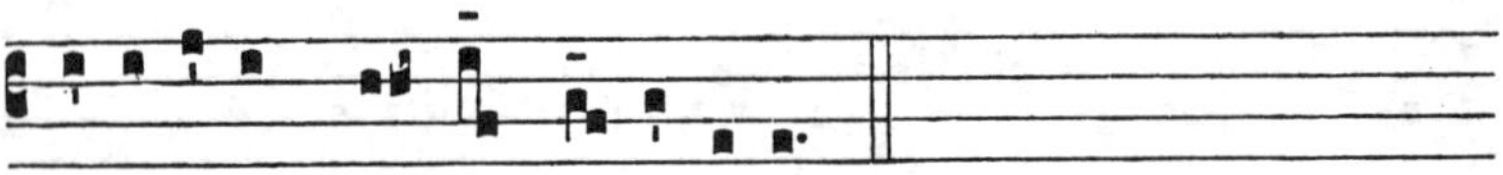

ci-vi-tá-tem sanctam Ie- rú-sa-lem.

60 *CHORUS ANGELORUM*

VIII.

CHo-rus ange-ló-rum * te sus- cí-pi- at, et cum Lá-

za-ro quondam páupe-re æ-térnam há-be- as réqui- em.

61 *EGO SUM*

II.
E -go sum * re- surrécti- o et vi-ta : qui cre-dit in
me, ét- i- am si mórtu- us fú- e-rit, vi-vet : et o-mnis qui
vi-vit et cre-dit in me, non mo-ri- é-tur in ae-térnum.

Cant. Benedictus, *n.* 76.

SEQUENTIAE

62 *VICTIMAE PASCHALI*

I.
VIctimae paschá-li laudes * ímmo-lent Christi- á-ni.
Agnus re-démit oves : Christus ínno-cens Patri re-conci-
li- ávit pecca-tó-res. Mors et vi-ta du- él-lo confli-xé-re mi-rán-
do : dux vi-tae mórtu- us, regnat vivus. Dic no-bis Ma-rí- a,
quid vi-dísti in vi- a? Sepúlcrum Christi vi-véntis, et gló-
ri- am vi-di re-surgéntis : Angé-li-cos testes, sudá-ri- um,

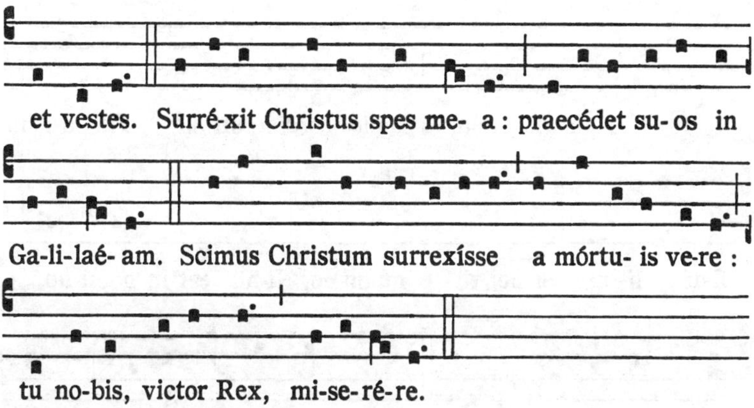
et vestes. Surré-xit Christus spes me- a : praecédet su- os in
Ga-li-laé- am. Scimus Christum surrexísse a mórtu- is ve-re :
tu no-bis, victor Rex, mi-se-ré-re.

63 *VENI SANCTE SPIRITUS*

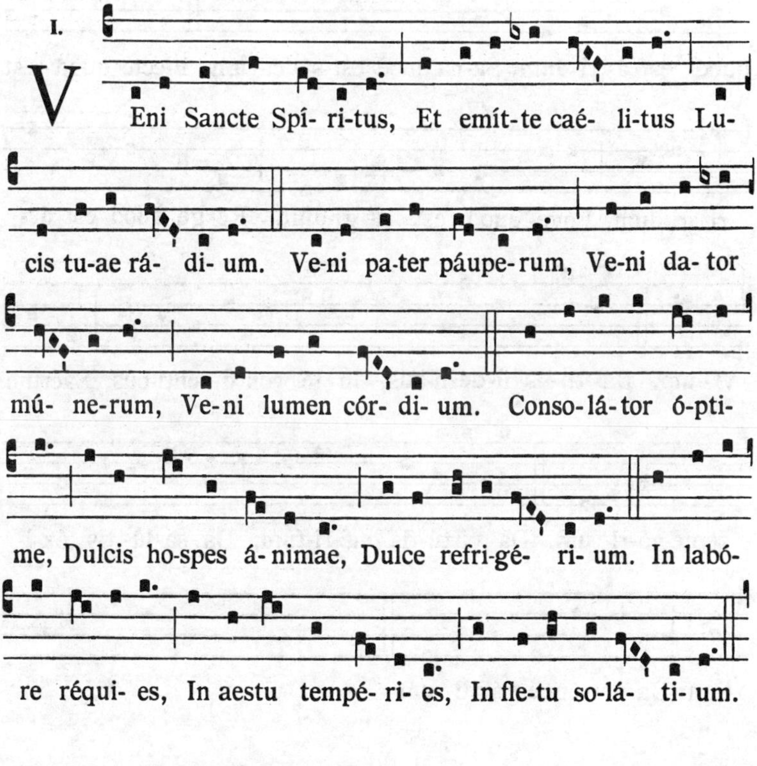
I.
VEni Sancte Spí- ri-tus, Et emít-te caé- li-tus Lu-
cis tu-ae rá- di- um. Ve-ni pa-ter páupe-rum, Ve-ni da- tor
mú- ne-rum, Ve-ni lumen cór- di- um. Conso-lá-tor ó-pti-
me, Dulcis ho-spes á-nimae, Dulce refri-gé- ri- um. In labó-
re réqui- es, In aestu tempé- ri- es, In fle-tu so-lá- ti- um.

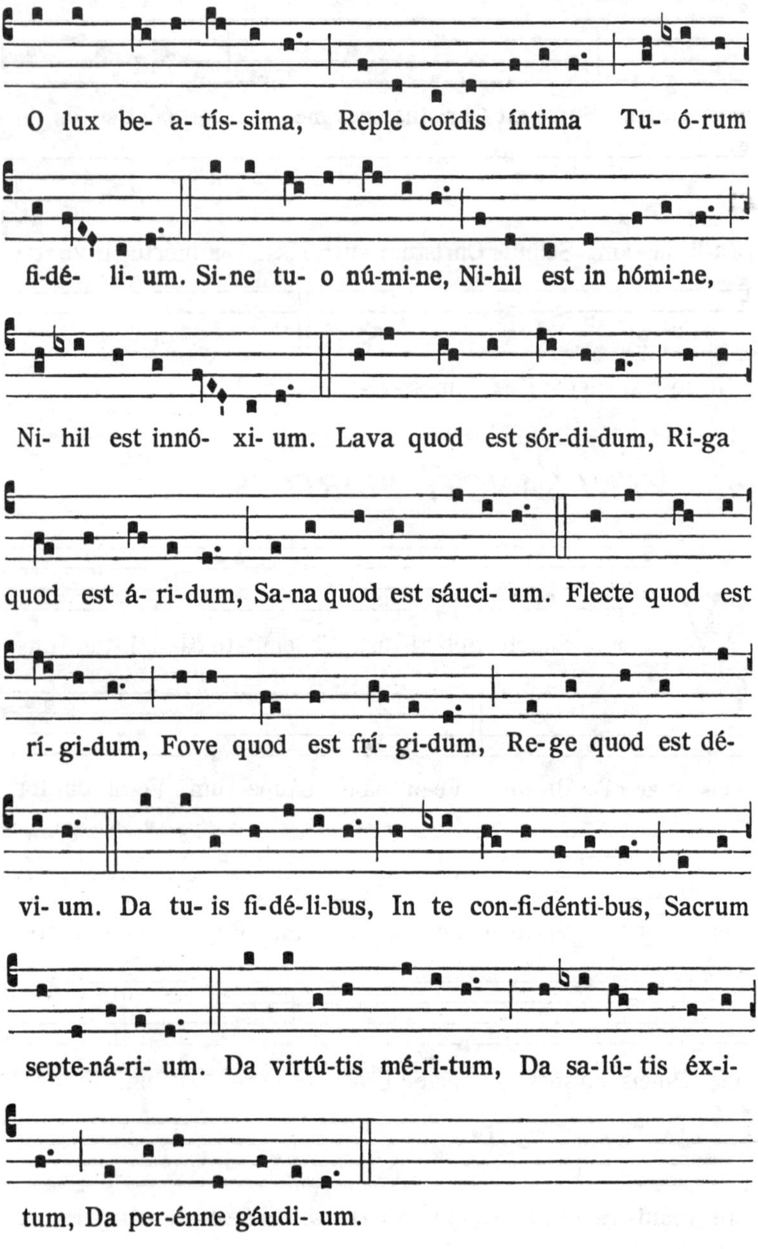
O lux be- a- tís- sima, Reple cordis íntima Tu- ó-rum
fi-dé- li- um. Si-ne tu- o nú-mi-ne, Ni-hil est in hómi-ne,
Ni- hil est innó- xi- um. Lava quod est sór-di-dum, Ri-ga
quod est á- ri-dum, Sa-na quod est sáuci- um. Flecte quod est
rí- gi-dum, Fove quod est frí- gi-dum, Re-ge quod est dé-
vi- um. Da tu- is fi-dé-li-bus, In te con-fi-dénti-bus, Sacrum
septe-ná-ri- um. Da virtú-tis mé-ri-tum, Da sa-lú- tis éx-i-
tum, Da per-énne gáudi- um.

64 *ECCE PANIS (Lauda Sion)*

VII.

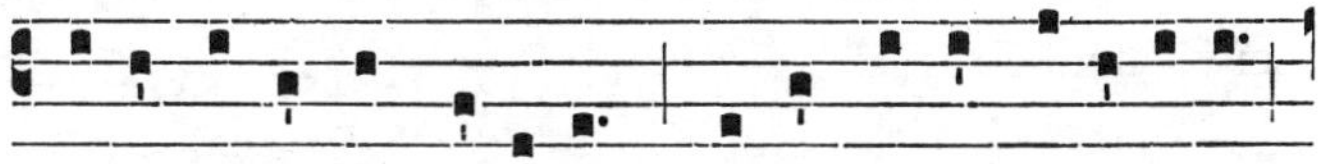

ECce pa-nis Ange-ló-rum, Factus ci-bus vi- a-tó-rum :

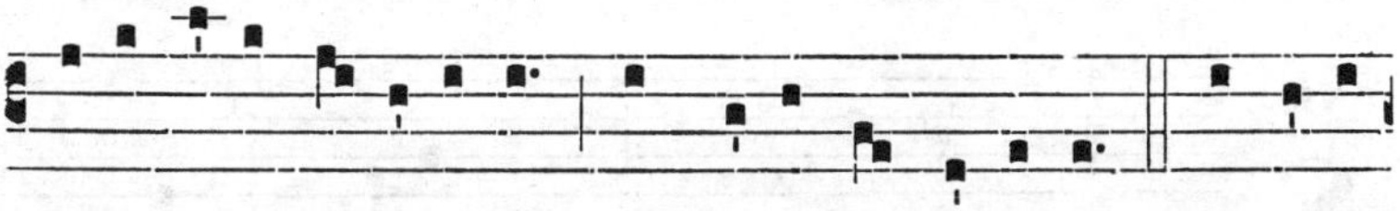

Ve-re pa-nis fi- li- ó-rum, non mitténdus cá-ni-bus. 2. In figú-

ris præ-signá-tur, Cum I-sa- ac immo-lá-tur, Agnus Paschæ

de-pu-tá-tur, Da-tur manna pátri- bus. 3. Bone pastor, pa-nis

ve-re, Je-su, nostri mi- se- ré-re : Tu nos pasce, nos tu- é-re,

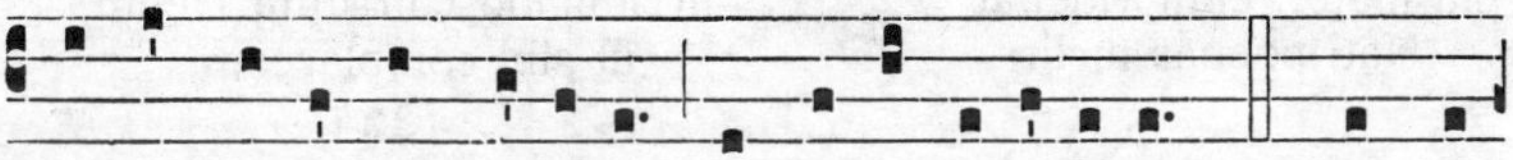

Tu nos bo-na fac vi-dé-re In terra vivénti- um. 4. Tu qui

cuncta scis et va-les, Qui nos pascis hic mor-tá-les : Tu- os

i-bi commensá-les, Co-he-ré-des et so-dá-les Fac sanctó-rum

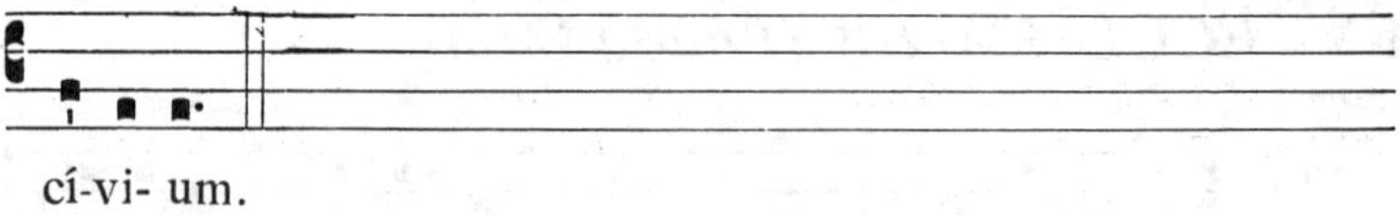
cí-vi- um.

65 *STABAT MATER*

VI.
S Ta-bat Ma-ter do-lo- ró-sa Juxta cru-cem lacrimó-sa,
Dum pendé-bat Fí- li- us.

2
Cujus ánimam geméntem,
contristátam et doléntem
pertransívit gládius.

3
O quam tristis et afflícta
fuit illa benedícta
mater Unigéniti!

4
Quae maerébat et dolébat
pia mater, cum vidébat
Nati poenas íncliti.

5
Quis est homo qui non fleret,
matrem Christi si vidéret
in tanto supplício?

6
Quis non posset contristári,
piam matrem contemplári
doléntem cum Fílio?

7
Pro peccátis suae gentis
vidit Iesum in torméntis
et flagéllis súbditum.

8
Vidit suum dulcem Natum
moriéntem, desolátum,
cum emísit spíritum.

9
Eia, mater, fons amóris,
me sentíre vim dolóris
fac, ut tecum lúgeam.

10
Fac ut árdeat cor meum
in amándo Christum Deum,
ut sibi compláceam.

11
Sancta mater, istud agas,
Crucifíxi fige plagas
cordi meo válide.

12
Tui Nati vulneráti,
tam dignáti pro me pati
poenas mecum dívide.

13
Fac me vere tecum flere,
Crucifíxo condolére,
donec ego víxero.

14
Iuxta crucem tecum stare
ac me tibi sociáre
in planctu desídero.

15
Virgo vírginum praeclára,
mihi iam non sis amára;
fac me tecum plángere.

16
Fac ut portem Christi mortem,
passiónis fac me sortem
et plagas recólere.

17
Fac me plagis vulnerári,
cruce hac inebriári
et cruóre Fílii.

18
Flammis urar ne succénsus,
per te, Virgo, sim defénsus
in die iudícii.

19
Fac me cruce custodíri,
morte Christi praemuníri,
confovéri grátia.

20
Christe, cum sit hinc exíre,
da per matrem me veníre
ad palmam victóriae.

21
Quando corpus moriétur,
fac ut ánimae donétur
paradísi glória.

CANTUS VARII

66 *ADOREMUS IN AETERNUM & Ps. 116 t. 5*

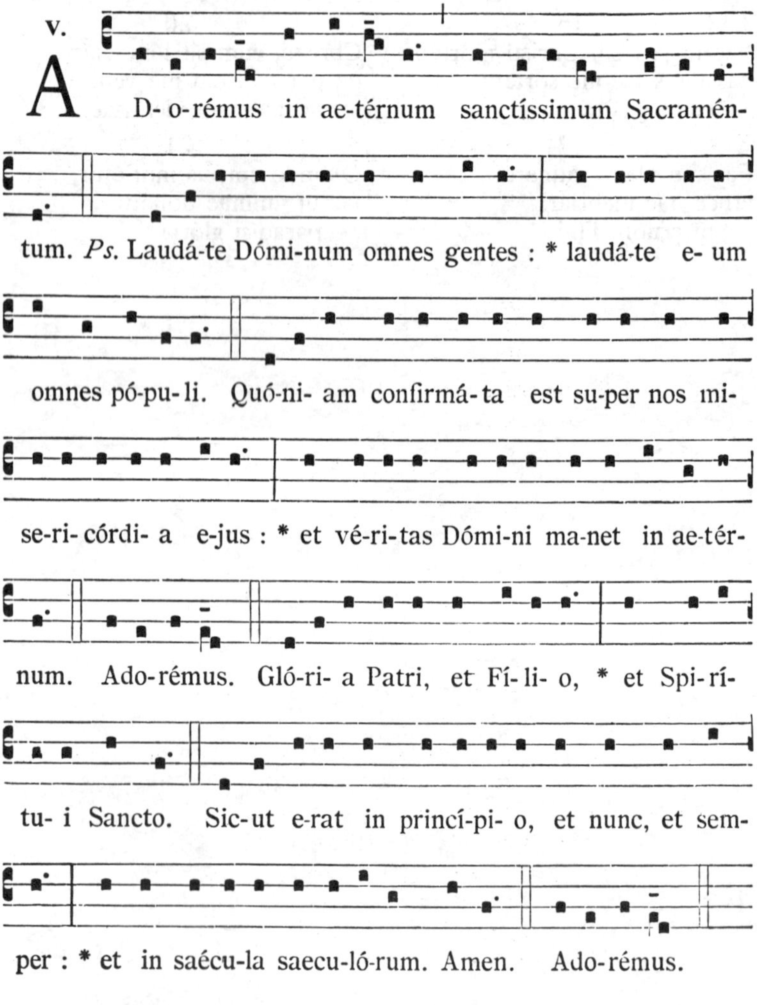
v.
A D- o-rémus in ae-térnum sanctíssimum Sacraméntum. Ps. Laudá-te Dómi-num omnes gentes : * laudá-te e- um
omnes pó-pu- li. Quó-ni- am confirmá- ta est su-per nos mi-
se-ri- córdi- a e-jus : * et vé-ri-tas Dómi-ni ma-net in ae-térnum. Ado-rémus. Gló-ri- a Patri, et Fí- li- o, * et Spi-rí-
tu- i Sancto. Sic-ut e-rat in princí-pi- o, et nunc, et semper : * et in saécu-la saecu-ló-rum. Amen. Ado-rémus.

67 *ADORO TE DEVOTE*

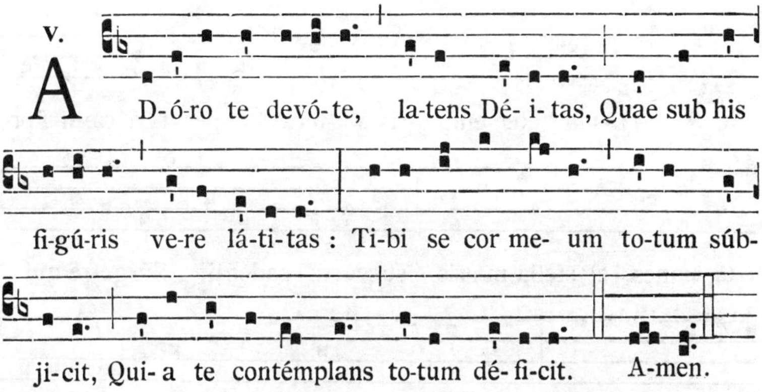
V.
A D-ó-ro te devó-te, la-tens Dé- i- tas, Quae sub his
fi-gú-ris ve-re lá-ti-tas : Ti-bi se cor me- um to-tum súb-
ji-cit, Qui- a te contémplans to-tum dé- fi-cit. A-men.

2. Vísus, táctus, gústus in te fállitur,
Sed audítu sólo tuto créditur:
Crédo quídquid dixit Déi Fílius:
Nil hoc vérbo veritátis vérius.

3. In crúce latébat sóla Déitas,
At hic látet simul et humánitas:
Ambo tamen crédens atque cónfitens,
Péto quod petívit látro paénitens.

4. Plágas, sicut Thómas, non intúeor
Déum tamen méum te confíteor:
Fac me tíbi semper magis crédere,
In te spem habére, te dilígere.

5. O memoriále mórtis Dómini,
Pánis vivus vítam praéstans hómini,
Praésta méae ménti de te vívere,
Et te ílli semper dúlce sápere.

6. Píe pellicáne Jésu Dómine,
Me immúndum múnda túo sánguine,
Cújus úna stilla sálvum fácere
Tótum múndum quit ab ómni scélere.

7. Jésu, quem velátum nunc aspício,
Oro fíat íllud quod tam sítio:
Ut te reveláta cérnens fácie,
Vísu sim beátus túae glóriae. Amen.

68 *ALMA REDEMPTORIS MATER*

v.

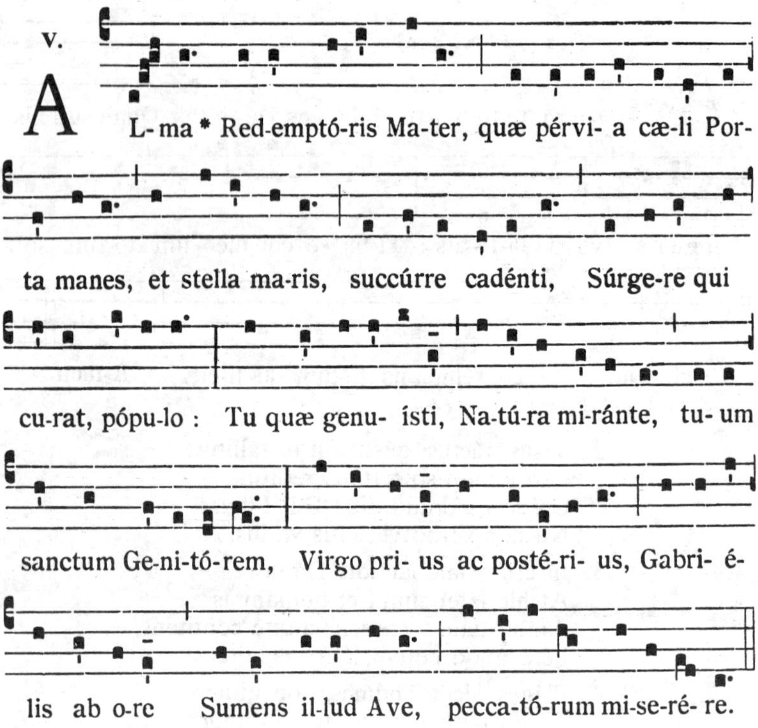
A L-ma * Red-emptó-ris Ma-ter, quæ pérvi- a cæ-li Por-
ta manes, et stella ma-ris, succúrre cadénti, Súrge-re qui
cu-rat, pópu-lo : Tu quæ genu- ísti, Na-tú-ra mi-ránte, tu- um
sanctum Ge-ni-tó-rem, Virgo pri- us ac posté-ri- us, Gabri- é-
lis ab o-re Sumens il-lud Ave, pecca-tó-rum mi-se-ré- re.

In Adventu :
℣. Angelus Dómini nuntiávit Maríae.
℟. Et concépit de Spíritu Sáncto.

A Completorio diei 24 decembris deinceps :
℣. Post pártum, Vírgo invioláta permansísti.
℟. Déi Génetrix, intercéde pro nobis.

69 *ASCENDIT DEUS*

VI.

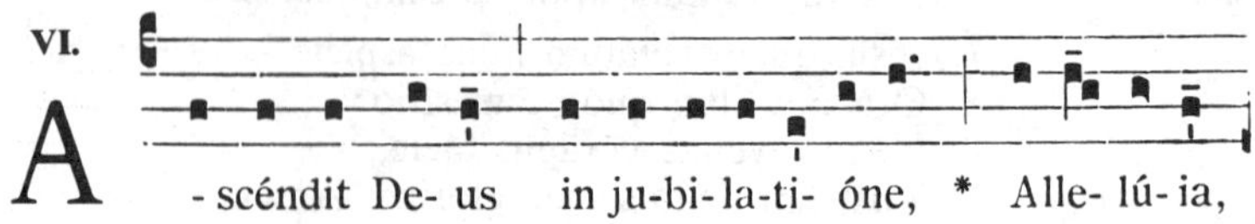
A -scéndit De- us in ju-bi-la-ti- óne, * Alle- lú- ia,

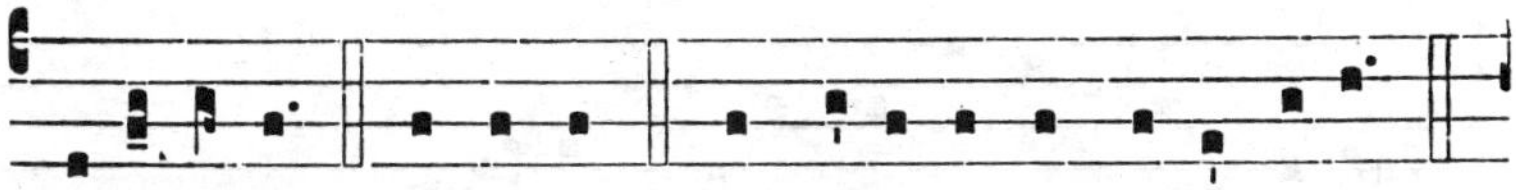

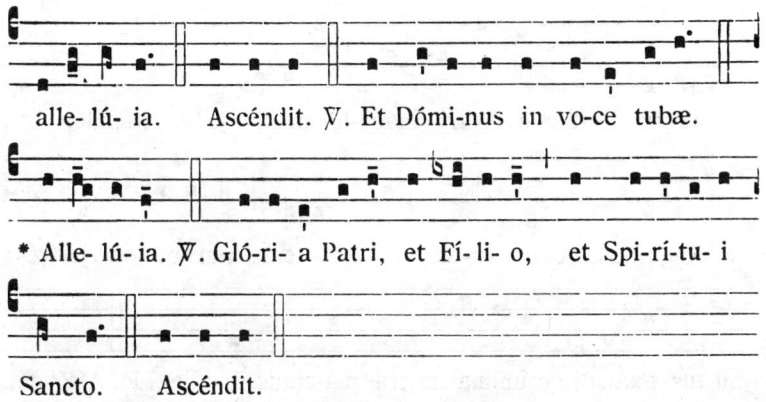

alle- lú- ia. Ascéndit. ℣. Et Dómi-nus in vo-ce tubæ.

* Alle- lú- ia. ℣. Glóri- a Patri, et Fí- li- o, et Spi-rí-tu- i

Sancto. Ascéndit.

70 *ATTENDE DOMINE*

v.

AT-ténde Dómi-ne, et mi-se-ré-re, qui- a peccávimus

ti- bi. ℟. Atténde.

1. Ad te Rex summe, ómni- um red-émptor, ó-cu-los nostros

sublevámus flentes : exáudi, Christe, suppli-cántum pre- ces.
℟. Atténde.

2. Déxte-ra Patris, lapis angu-lá-ris, vi- a sa-lú-tis, jánu-a

cae-lé-stis, áblu- e nostri mácu-las de- lí-cti. ℟. Atténde.

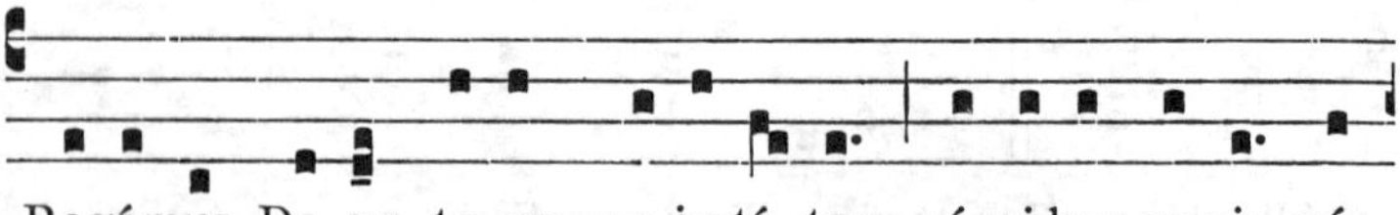

3. Rogámus, De- us, tu- am ma-jestá- tem : áuri-bus sacris gé-

mi-tus exáu-di : crími-na nostra plá-cidus indúlge. ℟. Atténde.

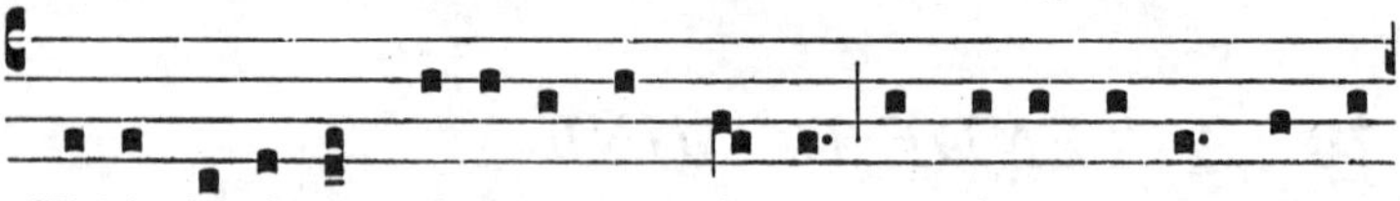

4. Ti-bi fa-témur crími-na admís- sa : contrí- to corde pándi-

mus occúl-ta : tu- a, Red-émptor, pí- e-tas ignó-scat. ℟. Atténde.

5. Inno-cens captus, nec repúgnans ductus, tésti- bus falsis

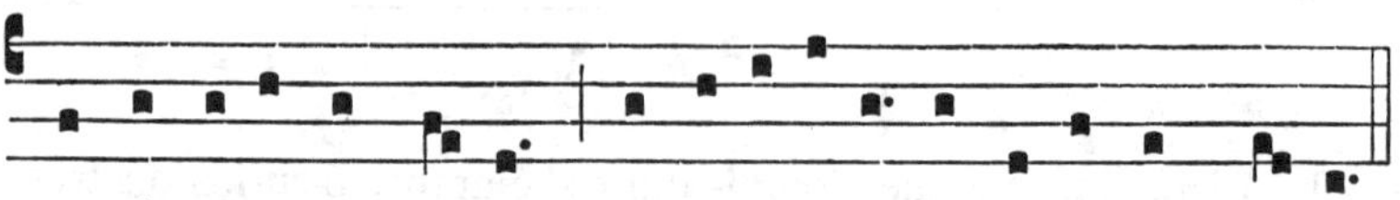

pro ímpi- is damná- tus : quos redemí-sti, tu consérva, Chri-ste.
℟. Atténde.

71 *AVE MARIA (Antiphona)*

I.

A - ve Ma- rí- a, * grá-ti- a plena, Dómi-nus te-cum, be-

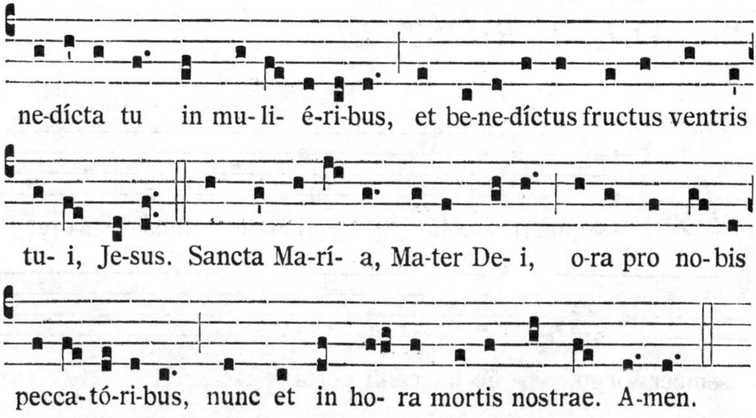
ne-dícta tu in mu-li- é-ri-bus, et be-ne-díctus fructus ventris
tu- i, Je-sus. Sancta Ma-rí- a, Ma-ter De- i, o-ra pro no-bis
pecca-tó-ri-bus, nunc et in ho- ra mortis nostrae. A-men.

72 *AVE MARIA (Responsorium breve)*

VI.
A - ve Ma-rí- a, grá-ti- a ple-na : *Dómi-nus te- cum.
Ave. ℣. Bene- dícta tu in mu-li- é-ri-bus, et bene-díctus fru-
ctus ventris tu- i. * Dómi-nus. ℣. Gló-ri- a Patri, et Fí- li- o,
et Spi-rí-tu- i Sancto. Ave.

73 *AVE MARIS STELLA*

A

1.
A-ve ma-ris stel-la, De- i Ma-ter alma, Atque
semper Virgo, Fe-lix cæ-li porta.

B

1.
A-ve ma-ris stella, De- i Ma-ter alma, Atque
semper Virgo, Fe-lix cæ-li porta.

2

Sumens illud Ave
Gabriélis ore,
Funda nos in pace,
Mutans Hevae nomen.

3

Solve vincla reis,
Profer lumen caecis,
Mala nostra pelle,
Bona cuncta posce.

4

Monstra *te* esse matrem,
Sumat per te preces,
Qui pro nobis natus
Tulit esse tuus.

5

Virgo singuláris,
Inter omnes mitis,
Nos, culpis solútos,
Mites fac et castos.

6

Vitam praesta puram,
Iter para tutum,
Ut, vidéntes Iesum,
Semper collaetémur.

7

Sit laus Deo Patri,
Summo Christo decus,
Spíritui Sancto,
Tribus honor unus. Amen.

74 *AVE REGINA CAELORUM*

VI.

A - ve Re-gí-na cæ-ló-rum,* Ave Dómi-na Ange-ló-rum

Salve ra-dix, salve porta, Ex qua mundo lux est orta :

Gaude Virgo glo-ri- ó-sa, Su-per omnes spe-ci- ó-sa : Va-le

o valde de-có- ra, Et pro no- bis Christum exó- ra.

℣. Dignáre me laudáre te Vírgo sacráta.
℟. Da míhi virtútem contra hóstes túos.

75 *AVE VERUM CORPUS*

VI.

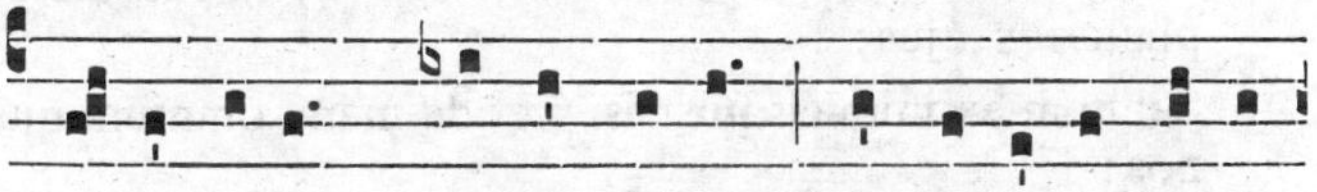

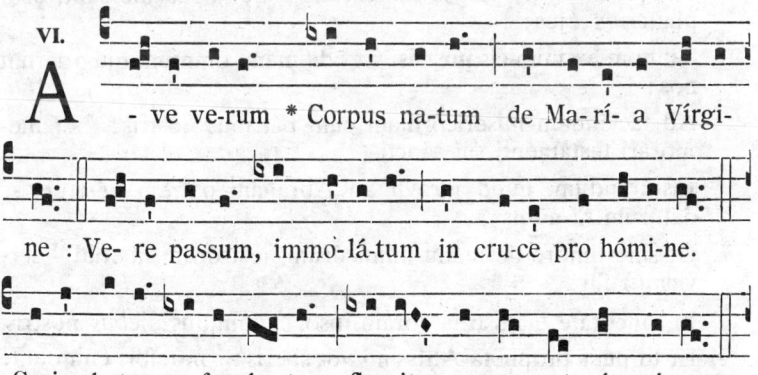

A - ve ve-rum * Corpus na-tum de Ma-rí- a Vírgi-

ne : Ve- re passum, immo-lá-tum in cru-ce pro hómi-ne.

Cu-jus la-tus perfo-rá- tum flu-xit aqua et sángui-ne :

Esto no-bis ʹpraegustá- tum mor-tis in e- xámi-ne.

O Je- su dul- cis! O Je- su pi- e! O Je- su

fi- li Ma-ʹrí- ae.

76 *BENEDICTUS (Canticum Zachariae) t. 2*

II.

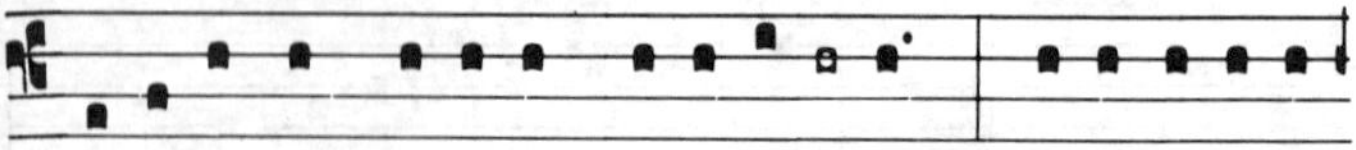

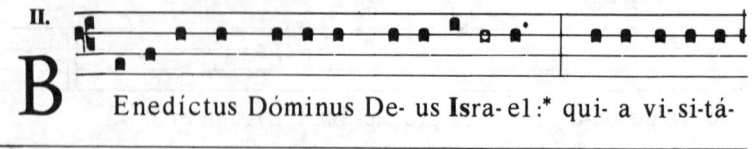

B Enedíctus Dóminus De- us **I**sra- el :* qui- a vi- si-tá-

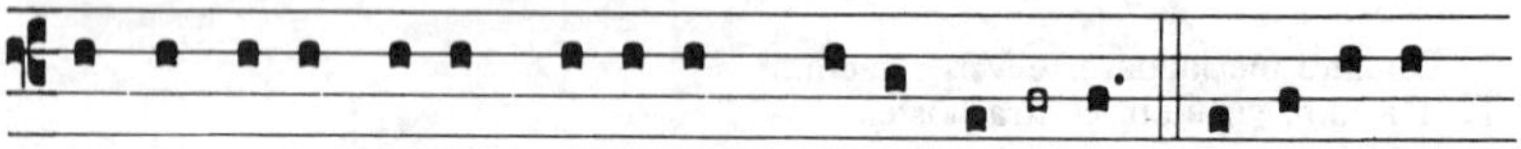

vit, et fécit redempti- ónem plé-*bis* **sú**- æ. 2. Et eré-xit ...

2. Et eréxit córnu salútis **nó**bis : * in dómo Dávid púe*ri* **sú**i.
3. Sicut locútus est per os san**ctó**rum, * qui a saéculo sunt, prophetá*rum* **é**jus :
4. Salútem ex inimícis **nó**stris, * et de mánu ómnium qui *o***dé**runt nos :
5. Ad faciéndam misericórdiam cum pátribus **nó**stris : * et memorári testaménti sú*i* **sá**ncti.
6. Jusjurándum, quod jurávit ad Abraham pátrem **nó**strum, * datúrum *se* **nó**bis :
7. Ut sine timóre de mánu inimicórum nostrórum libe**rá**ti * serviá*mus* **i**lli :
8. In sanctitáte et justítia coram **í**pso, * ómnibus dié*bus* **nó**stris.
9. Et tu púer prophéta Altíssimi vo**cá**beris : * praeíbis enim ante fáciem Dómini paráre ví*as* **é**jus.

10. Ad dándam sciéntiam salútis plébi **é**jus: * in remissiónem peccatórum *e***ó**rum:
11. Per víscera misericórdiae Déi **nó**stri: * in quibus visitávit nos, óriens *ex* **ál**to.
12. Illumináre his qui in ténebris et in úmbra mórtis **sé**dent: * ad dirigéndos pédes nóstros in *víam* **pá**cis.
13. Glória Patri et **Fí**lio * et Spirítu*i* **San**cto.
14. Sicut erat in princípio et nunc et **sem**per: * et in saécula saeculó*rum.* **A**men.

77 *CHRISTUS VINCIT*

Cantores

C Hristus vincit, Christus regnat, Christus ímpe-rat.

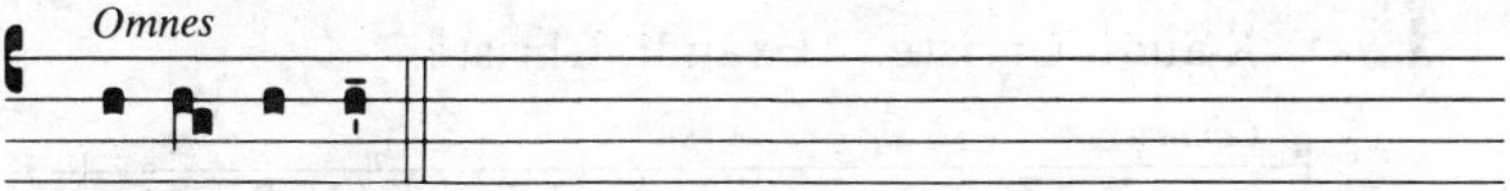
Omnes

Christus vincit...

I

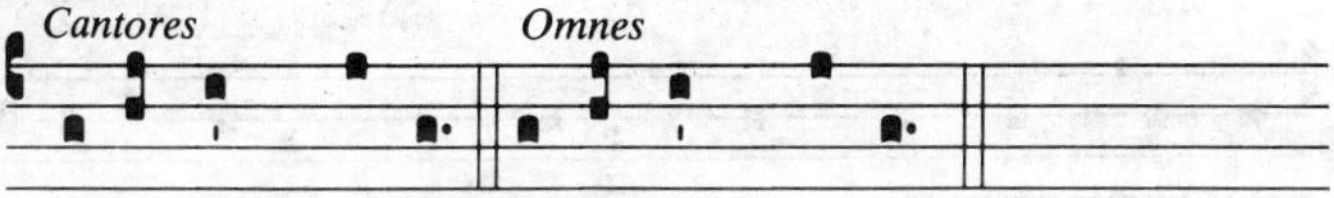
Cantores
Omnes

E X-áu-di, Christe. Exáudi, Christe.

Cantores

E Cclé-si-æ sanctæ De-i, supra regnó-rum fi-nes

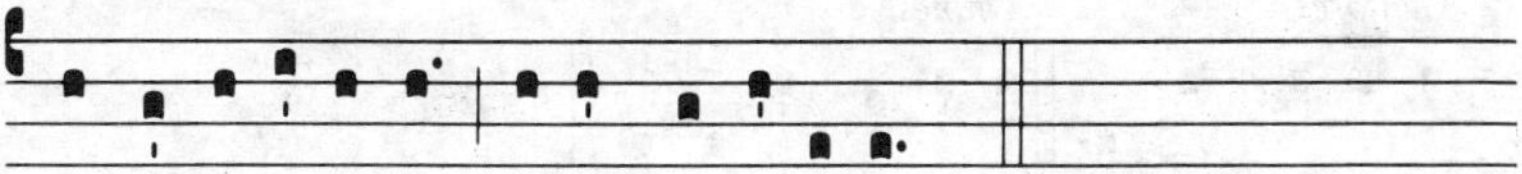

necténti á-nimas: sa-lus perpétu-a!

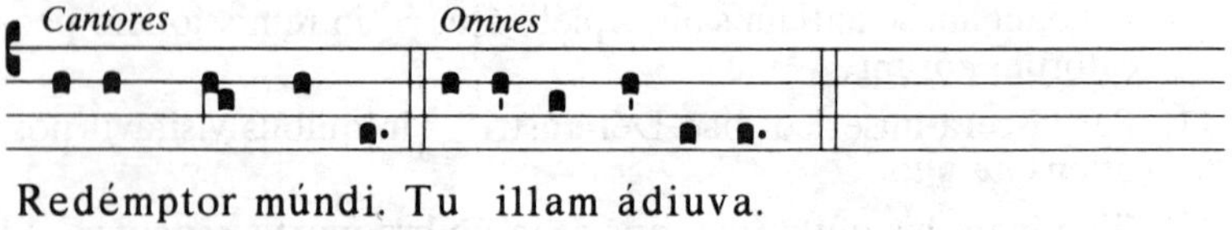
Cantores
Omnes
Redémptor múndi. Tu illam ádiuva.

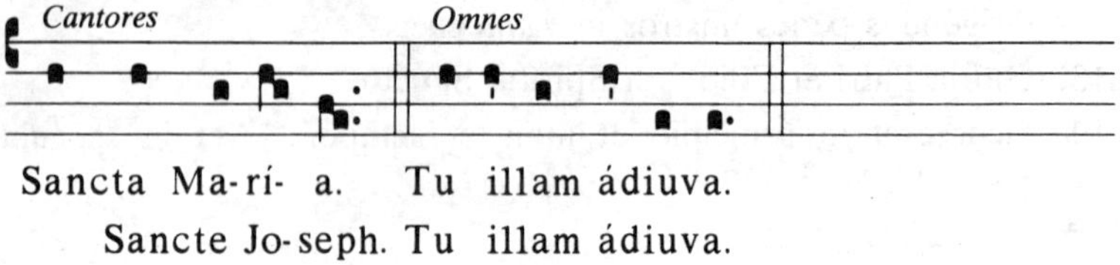
Cantores
Omnes
Sancta Ma-rí- a. Tu illam ádiuva.
Sancte Jo-seph. Tu illam ádiuva.

II

Cantores
Omnes
EX-áudi, Christe. Exáudi, Christe.

Cantores
PAULO Summo Pontí-fi-ci, in unum pópu-los

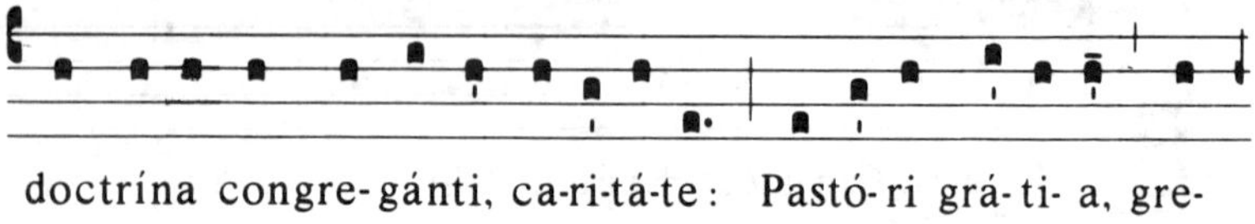
doctrína congre-gánti, ca-ri-tá-te: Pastó-ri grá-ti- a, gre-

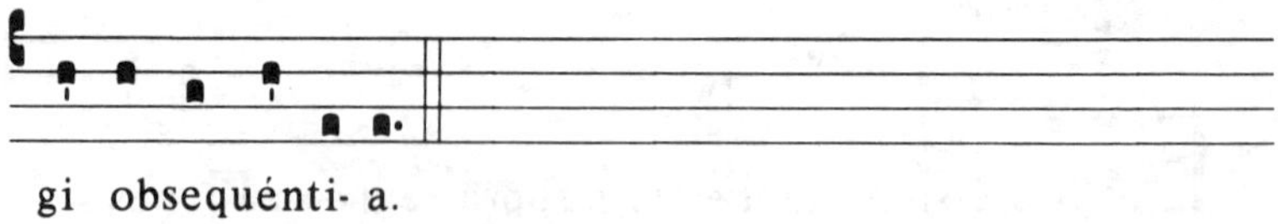
gi obsequénti- a.

Cantores
Omnes
Salvátor mundi. Tu illum ádiuva.

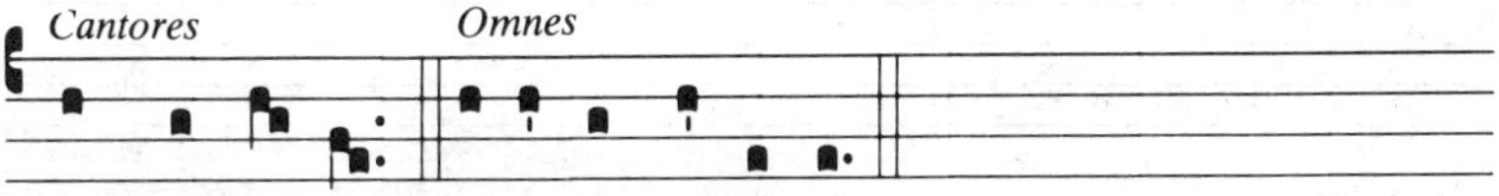
Cantores
Omnes

Sancte Pe-tre. Tu illum ádiuva.
Sancte Paule. Tu illum ádiuva.

III

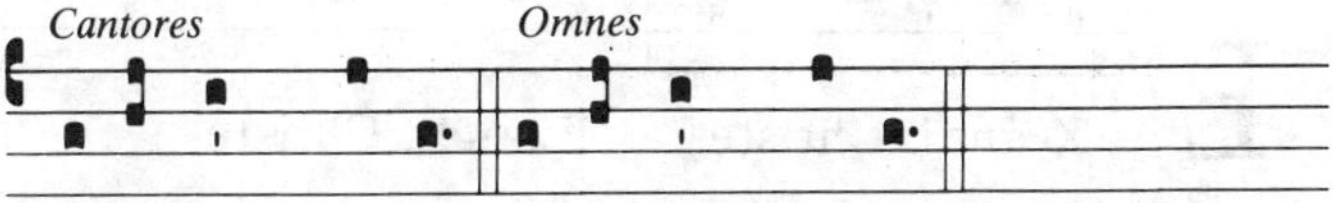
Cantores
Omnes

EX-áudi, Christe. Exáudi, Christe.

Cantores

N N. (archi-)e-píscopo et omni clero si-bi com-

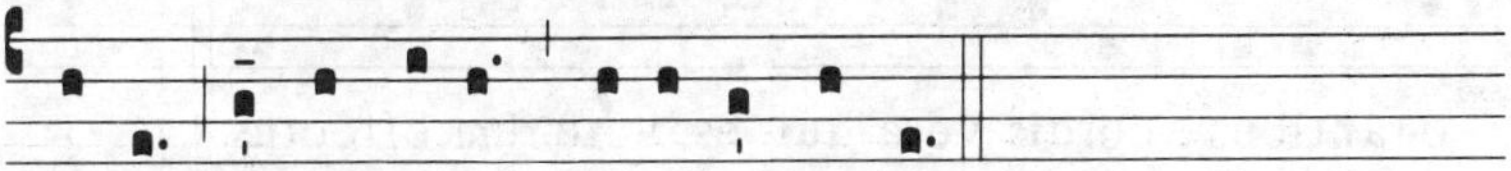

mísso pax et virtus, plú-rima merces.

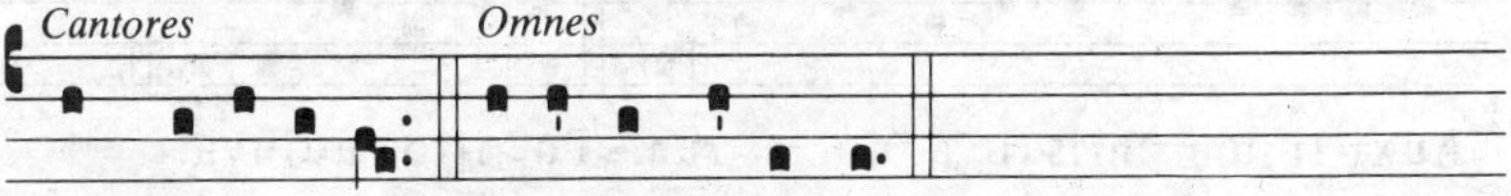
Cantores
Omnes

Sancte N. Tu illum ádiuva.
Sancte N. Tu illum ádiuva.

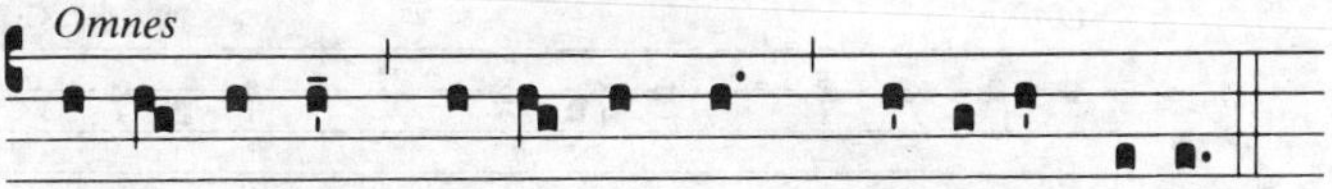
Omnes

CHristus vincit, Christus regnat, Christus ímpe-rat.

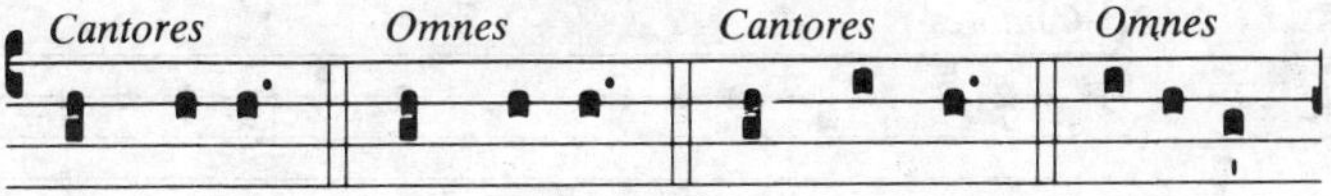
Cantores
Omnes
Cantores
Omnes

REX regum. Rex noster. Spes nostra. Gló-ri- a

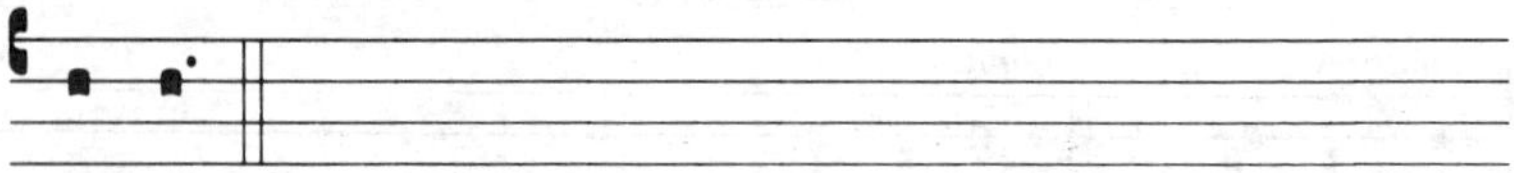

nostra.

IV

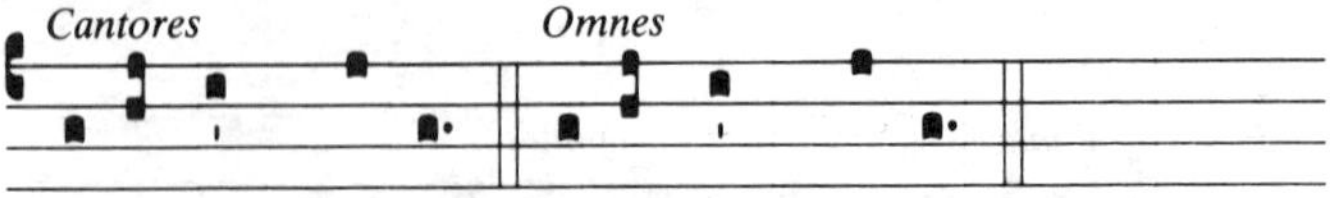
Cantores
Omnes

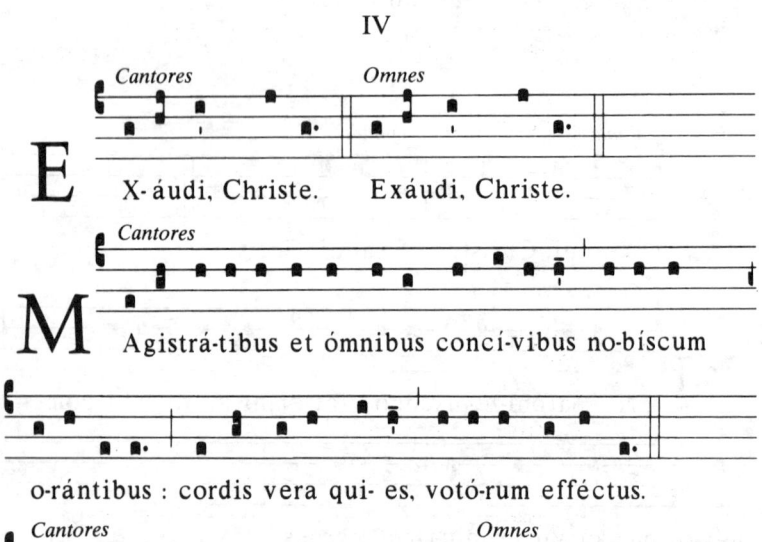

EX-áudi, Christe. Exáudi, Christe.

Cantores

MAgistrá-tibus et ómnibus concí-vibus no-bíscum

o-rántibus : cordis vera qui- es, votó-rum efféctus.

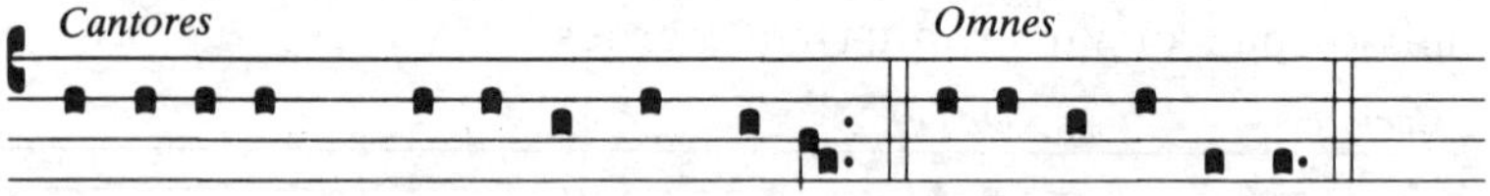
Cantores
Omnes

Auxí- li- um chris-ti- a- nó- rum. Tu illos ádiuva.
Sancte Mícha- el. Tu illos ádiuva.
Sanc- te Bene- díc- te. Tu illos ádiuva.

Omnes

CHristus vincit, Christus regnat, Christus ímpe-rat.

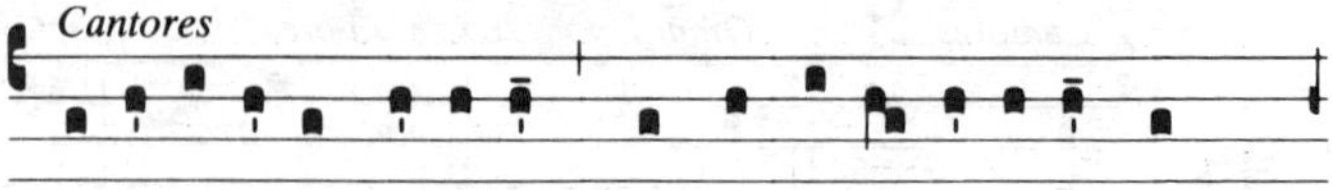
Cantores

I-psi so-li impé-ri- um, laus et iubi-lá-ti- o, per

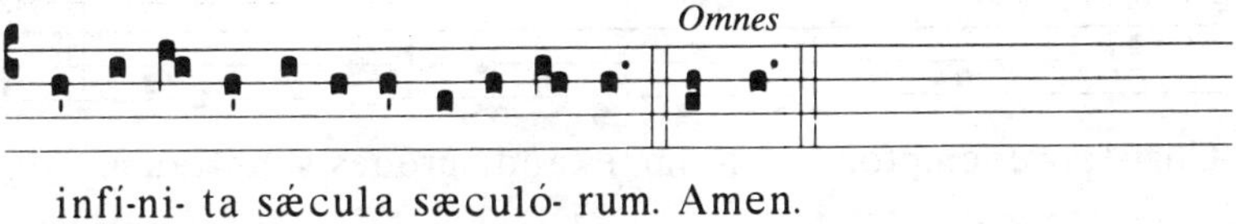
Omnes
infí-ni- ta sæcula sæculó- rum. Amen.

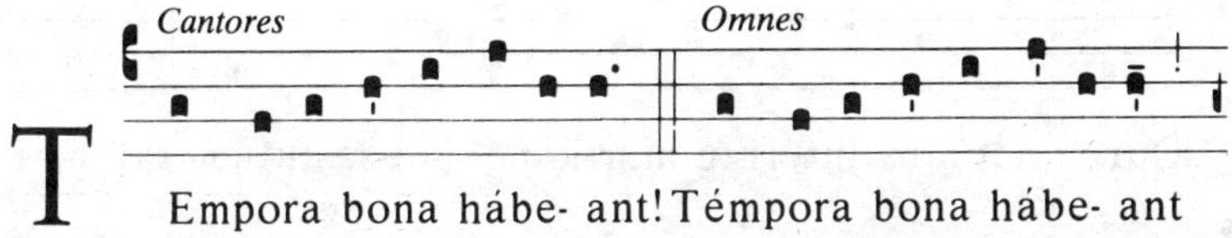
Cantores
Omnes
T
Empora bona hábe- ant! Témpora bona hábe- ant

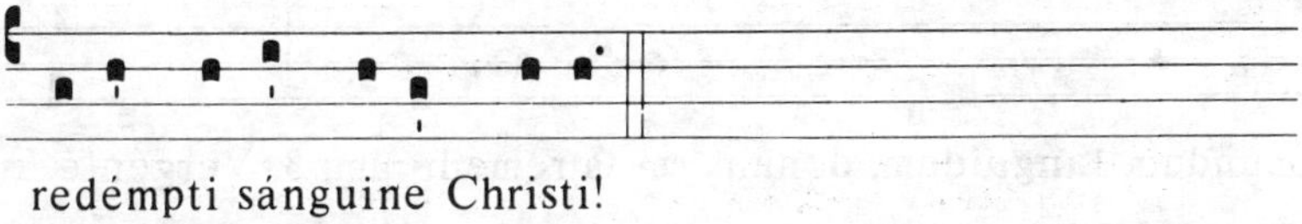
redémpti sánguine Christi!

Cantores
Omnes
Omnes
Fe- lí-ci-ter! Fe- lí-ci-ter! Fe- lí-ci-ter!

Cantores
Omnes
P
AX Christi véni- at! Regnum Christi véni- at!

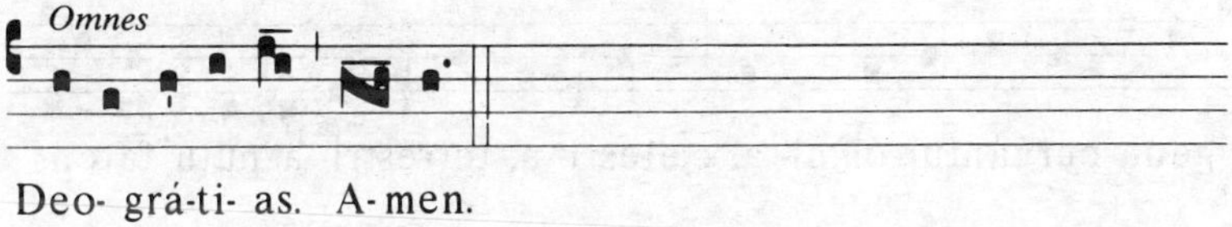
Omnes
Deo- grá-ti- as. A- men.

78 *CONDITOR ALME SIDERUM*

IV.
C
Onditor alme síde-rum, ætérna lux credénti- um,

Christe, redémptor ómni- um, exáudi preces súpplicum.
2. Qui cóndolens intéri-tu mortis pe-rí-re sǽculum, salvásti
mundum lánguidum, donans re- is remédi- um, 3. Vergénte
mundi véspere, u- ti sponsus de thálamo, egréssus honestís-
sima Vírgi-nis matris cláusula. 4. Cu-ius forti poténti- æ
genu curvántur ómni- a; cæléstí- a, terréstri- a nutu fatén-
tur súbdi-ta. 5. Te, Sancte, fide quǽsumus, ventúre iudex
sǽcu-li, consérva nos in témpore hostis a telo pérfi-di.

6. Sit, Christe, rex pi- íssime, ti-bi Patríque gló-ri- a cum
Spí- ri-tu Parácli-to, in sempi-térna sæcula. A-men.

79 *CONFIRMA HOC*

VIII.
COnfírma hoc De- us * quod o-pe-rá-tus es in no-
bis, a templo sancto tu- o, quod est in Je-rú-sa-lem.

80 *DA PACEM*

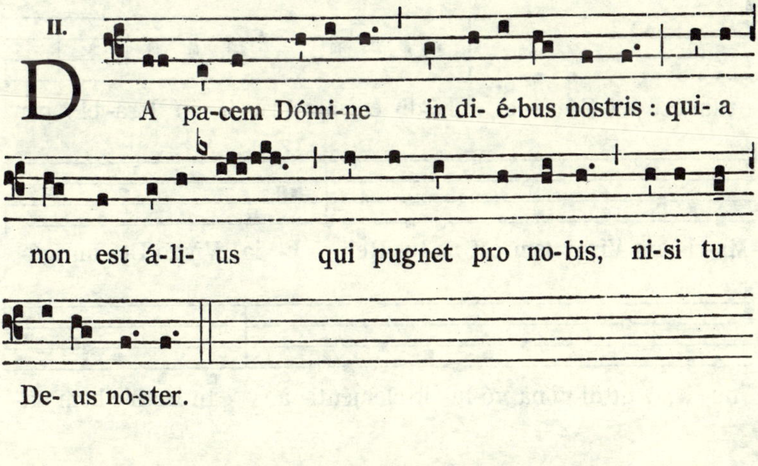
II.
DA pa-cem Dómi-ne in di- é-bus nostris : qui- a
non est á-li- us qui pugnet pro no-bis, ni-si tu
De- us no-ster.

81 *ECCE LIGNUM—VENITE ADOREMUS*

VI.
ECce li- gnum Cru- cis, in quo sa- lus mun-
di pe- pén- dit.
Omnes :
Ve- ní- te, ad- o-ré- mus.

82 *ECCE NOMEN DOMINI*

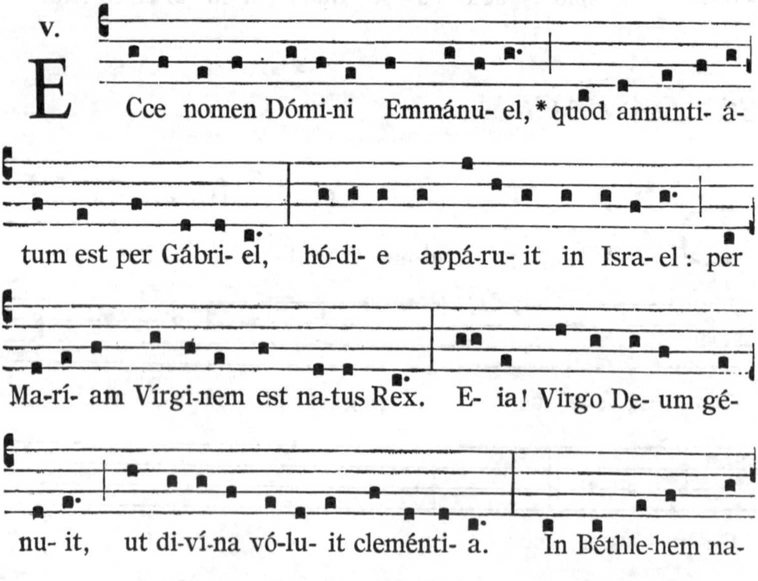
V.
ECce nomen Dómi-ni Emmánu- el, * quod annunti- á-
tum est per Gábri- el, hó-di- e appá-ru- it in Isra- el : per
Ma-rí- am Vírgi-nem est na-tus Rex. E- ia! Virgo De- um gé-
nu- it, ut di-ví-na vó-lu- it cleménti- a. In Béthle-hem na-

tus est, et in Je-rú-sa-lem vi-sus est, et in omnem terram

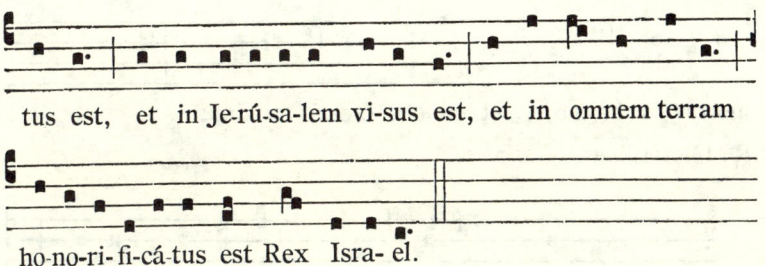

ho-no-ri-fi-cá-tus est Rex Isra-el.

83 *GLORIA LAUS*

I.

G Ló-ri-a, laus et honor ti-bi sit, Rex Christe Red-

émptor : Cu-i pu-e- rí-le de-cus prompsit Ho-sánna pi- um.

℟. Glória, laus.

1. Isra- ël es tu Rex, Da-ví-dis et íncli- ta pro-les :

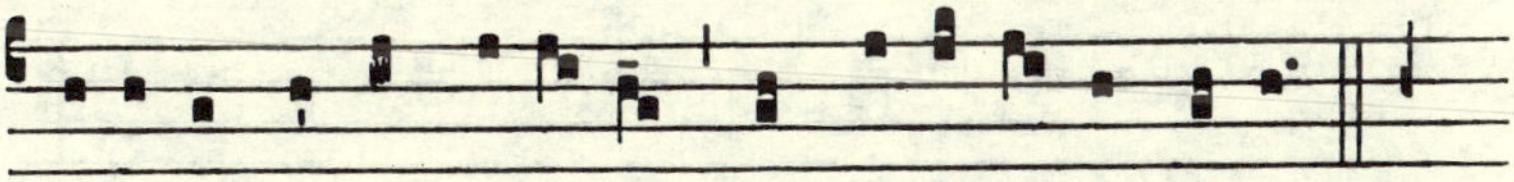

Nómi-ne qui in Dómi- ni, Rex be-ne-dí-cte, ve-nis.

℟. Glória, laus.

2. Cœtus in ex-cél-sis te laudat caé- li-cus omnis, Et

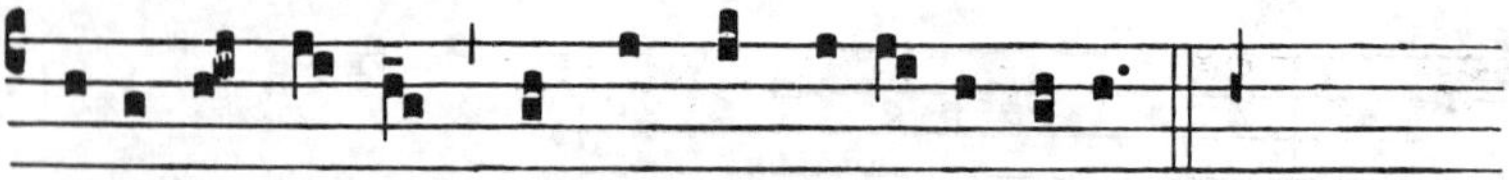

mortá- lis ho-mo, et cuncta cre- á- ta simul.

℟. Glória, laus.

3. Plebs Hebraé- a ti- bi cum palmis óbvi- a ve-nit :

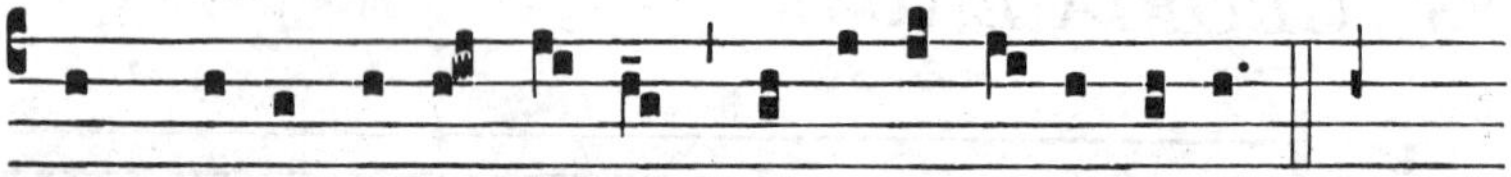

Cum pre-ce, vo- to, hymnis, ádsumus ecce ti- bi.

℟. Glória, laus.

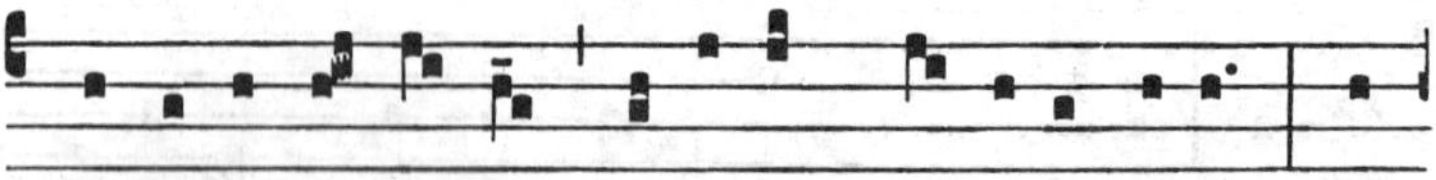

4. Hi ti- bi pas- sú- ro solvé-bant mú- ni- a laudis : Nos

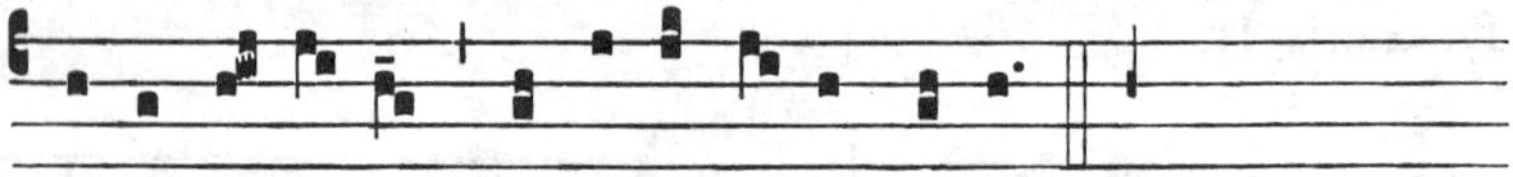

ti- bi regnánti pángimus ecce me- los.

℟. Glória, laus.

5. Hi pla-cu- é- re ti- bi, plá-ce- at de-vó- ti- o nostra :

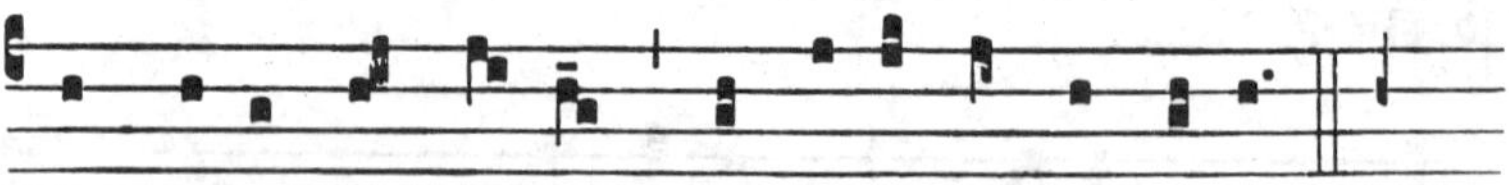

Rex bo-ne, Rex cle- mens, cui bo-na cuncta pla-cent.

℟. Glória, laus.

84 *JESU DULCIS MEMORIA*

I.
IEsu dulcis memó-ri- a, Dans ve-ra cordis gáudi- a :
Sed super mel et ómni- a, E-jus dulcis praesénti- a.
2. Nil cáni-tur su-á-vi- us, Nil audí-tur jucúndi- us, Nil co-gi-
tátur dúlci- us, Quam Jesus De- i Fí- li- us. 3. Jesu spes pae-
ni-ténti-bus, Quam pi- us es pe-ténti-bus ! Quam bonus te quae-
réntibus ! Sed quid inve-ni- énti-bus? 4. Nec lingua va-let
dí-ce-re, Nec lítte-ra expríme- re : Expértus pot-est crédere, Quid sit Jesum di- lí-ge-re. 5. Sis Je-su nostrum gáu-

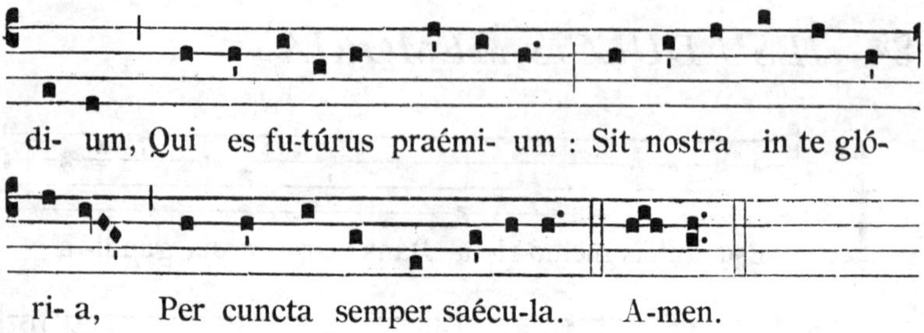
di- um, Qui es fu-túrus praémi- um : Sit nostra in te gló-
ri- a, Per cuncta semper saécu-la. A-men.

85 *LAUDATE DOMINUM (tonus 6f)*

LAudáte Dóminum omnes gentes:* collaudáte e- um
omnes pópu- li.
2. Quóni- am confirmá-ta est super nos mi-se- ricórdi- a
e-ius:* et vé-ri-tas Dómi-ni manet in ætérnum.
3. Gló-ri- a Patri et Fí- li- o:* et Spi- rí-tu- i Sancto.
4. Sicut erat in princí-pi- o et nunc et semper:* et in sæ-

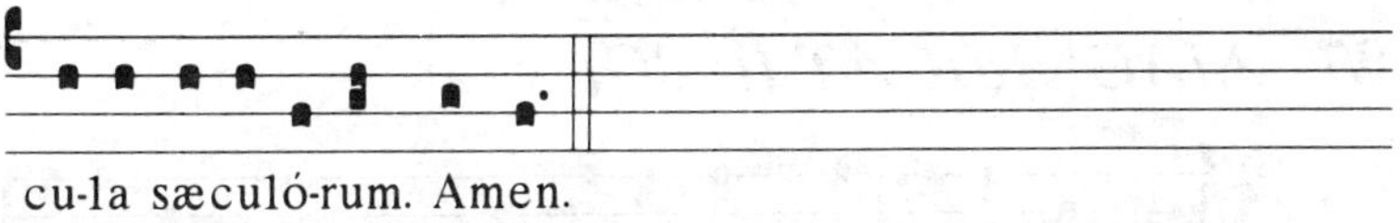
cu-la sæculó-rum. Amen.

86 *Ant.* LUMEN & *Cant.* NUNC DIMITTIS

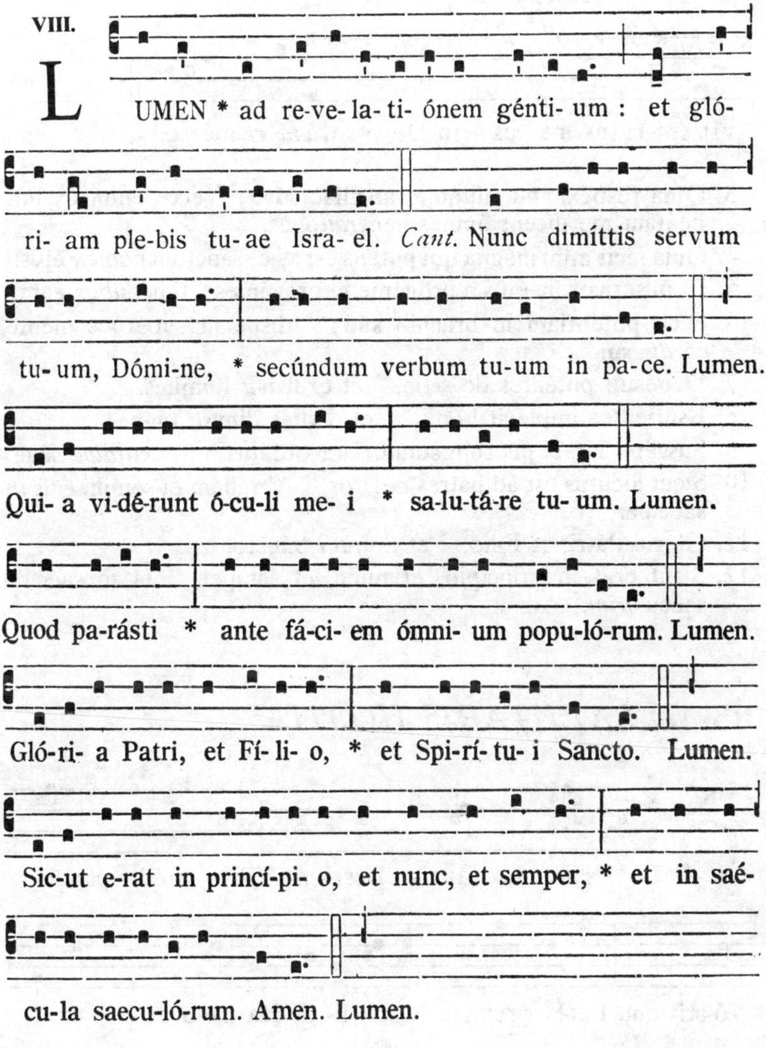
VIII.
LUMEN * ad re-ve-la-ti-ónem génti-um : et gló-
ri-am ple-bis tu-ae Isra-el. *Cant.* Nunc dimíttis servum
tu-um, Dómi-ne, * secúndum verbum tu-um in pa-ce. Lumen.
Qui-a vi-dé-runt ó-cu-li me-i * sa-lu-tá-re tu-um. Lumen.
Quod pa-rásti * ante fá-ci-em ómni-um popu-ló-rum. Lumen.
Gló-ri-a Patri, et Fí-li-o, * et Spi-rí-tu-i Sancto. Lumen.
Sic-ut e-rat in princí-pi-o, et nunc, et semper, * et in saé-
cu-la saecu-ló-rum. Amen. Lumen.

87 *MAGNIFICAT (t. 8G)*

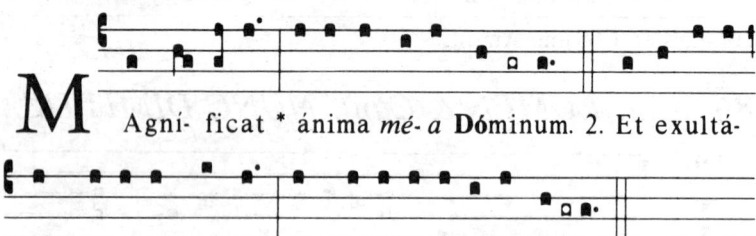

M Agní- ficat * ánima *mé- a* **Dó**minum. 2. Et exultá-

vit spí-ri-tus **mé**- us * in De-o salu-*tá-ri* **mé**- o.

3. Quia respéxit humilitátem ancíllae **sú**ae : * ecce enim ex hoc beátam me dícent ómnes gene*rati***ó**nes.
4. Quia fécit míhi mágna qui **pó**tens est : * et sánctum *nómen* **é**jus.
5. Et misericórdia éjus a progénie in progénies * timén*tibus* **é**um.
6. Fécit poténtiam in bráchio **sú**o : * dispérsit supérbos ménte *córdis* **sú**i.
7. Depósuit poténtes de **sé**de, * et exal*távit* **hú**miles.
8. Esuriéntes implévit **bó**nis : * et dívites dimí*sit in***á**nes.
9. Suscépit Israel púerum **sú**um, * recordátus misericór*diae* **sú**ae.
10. Sicut locútus est ad pátres **nó**stros, * Abraham et sémini *éjus in* **saé**cula.
11. Glória Pátri, et **Fí**lio, * et Spirí*tui* **Sán**cto.
12. Sicut érat in princípio, et nunc, et **sém**per, * et in saécula saecu*lórum.* **A**men.

88 *O SALUTARIS HOSTIA*

8.

O sa- lu- tá- ris Hósti- a, Quae cae-li pandis

ó-sti- um, Bel-la premunt hostí- li- a, Da ro-bur, fer auxí-

li- um. 2. U-ni tri- nóque Dómi-no Sit sempi-térna gló-
ri- a, Qui vi-tam si-ne término Nobis do-net in pátri- a.
A- men.

89 *PARCE DOMINE*

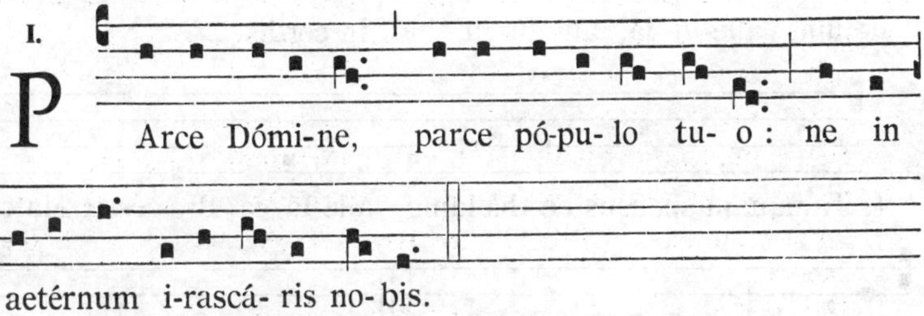
I.
PArce Dómi-ne, parce pó-pu- lo tu- o : ne in
aetérnum i-rascá- ris no- bis.

90 *PUER NATUS IN BETHLEHEM*

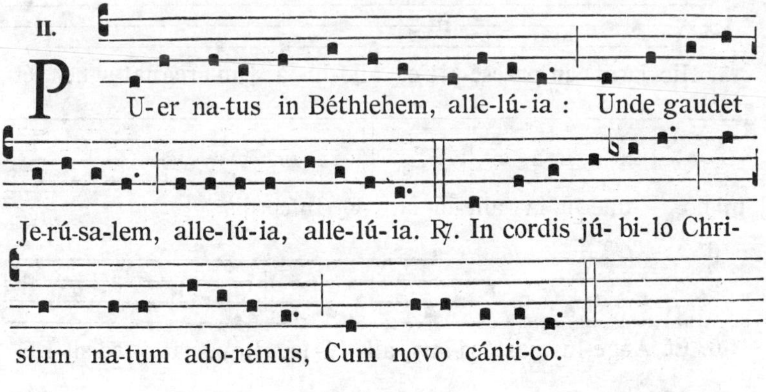
II.
PU-er na-tus in Béthlehem, alle-lú- ia : Unde gaudet
Je-rú-sa-lem, alle-lú-ia, alle-lú- ia. ℟. In cordis jú- bi- lo Chri-
stum na-tum ado-rémus, Cum novo cánti-co.

2. Assúmpsit carnem Fí- li- us, alle-lú- ia, De- i Patris altís-
simus, alle-lú- ia, alle-lú- ia. ℟. In cordis.
3. Per Gabri- é-lem núnti- um, alle-lú- ia, Virgo concépit Fí-
li- um, alle-lú- ia, alle-lú- ia. ℟. In cordis.
4. Tamquam sponsus de thá-lamo, alle-lú- ia, Pro-céssit Matris
ú-te-ro, alle-lú- ia, alle-lú- ia. ℟. In cordis.
5. Hic jacet in praesé-pi- o, alle-lú- ia, Qui regnat si-ne tér-
mi-no, alle-lú- ia, alle-lú- ia. ℟. In cordis.
6. Et Ange-lus pastó-ri-bus, alle-lú- ia, Revé- lat quod sit Dó-

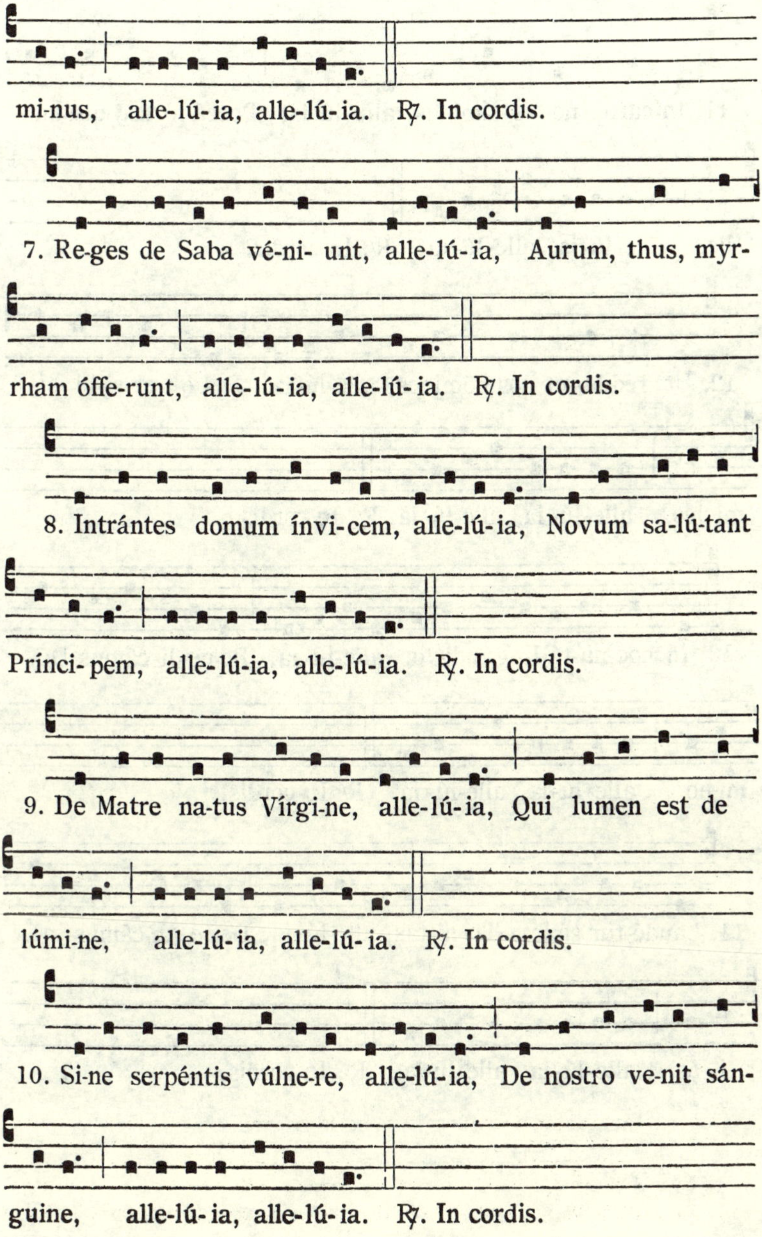
mi-nus, alle-lú-ia, alle-lú-ia. ℟. In cordis.
7. Re-ges de Saba vé-ni- unt, alle-lú-ia, Aurum, thus, myr-
rham óffe-runt, alle-lú-ia, alle-lú-ia. ℟. In cordis.
8. Intrántes domum ínvi-cem, alle-lú-ia, Novum sa-lú-tant
Prínci-pem, alle-lú-ia, alle-lú-ia. ℟. In cordis.
9. De Matre na-tus Vírgi-ne, alle-lú-ia, Qui lumen est de
lúmi-ne, alle-lú-ia, alle-lú-ia. ℟. In cordis.
10. Si-ne serpéntis vúlne-re, alle-lú-ia, De nostro ve-nit sánguine, alle-lú-ia, alle-lú-ia. ℟. In cordis.

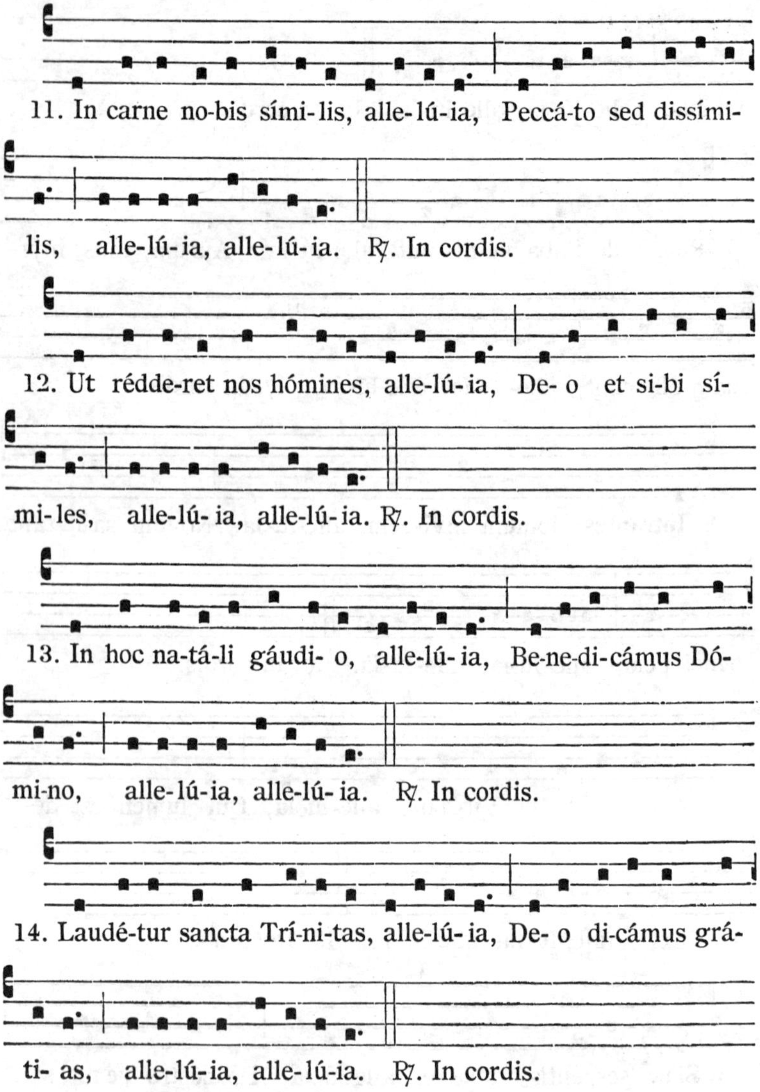
11. In carne no-bis sími-lis, alle-lú-ia, Peccá-to sed dissími-
lis, alle-lú-ia, alle-lú-ia. ℟. In cordis.
12. Ut rédde-ret nos hómines, alle-lú-ia, De- o et si-bi sí-
mi-les, alle-lú-ia, alle-lú-ia. ℟. In cordis.
13. In hoc na-tá-li gáudi- o, alle-lú-ia, Be-ne-di-cámus Dómi-no, alle-lú-ia, alle-lú-ia. ℟. In cordis.
14. Laudé-tur sancta Trí-ni-tas, alle-lú-ia, De- o di-cámus grá-
ti- as, alle-lú-ia, alle-lú-ia. ℟. In cordis.

91 *PUERI HEBRAEORUM ET DOMINI EST TERRA (PS. 23) t. 1f*

Ant.
I f

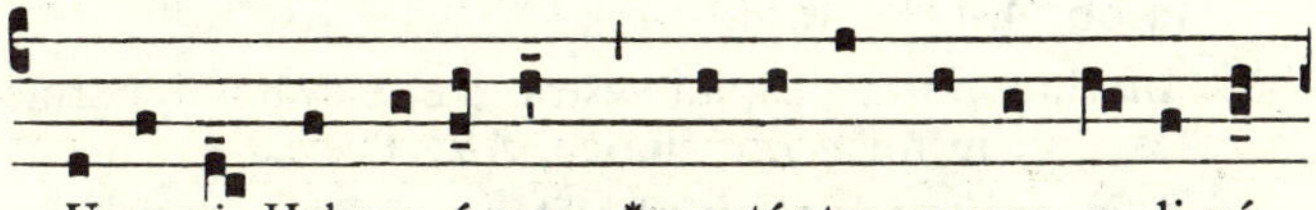

PUeri Hebrae-ó-rum, * portántes ramos o- li-vá-

rum, obvi- a-vé-runt Dómi- no, clamán- tes et di-cén- tes :

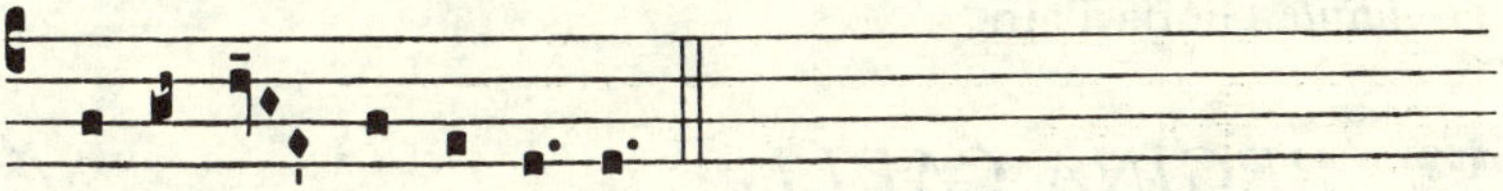

« Ho-sánna in excél-sis ».

Psalmus 23

℣. 1 *Dómi*-ni est terra et ple-ni- **tú**- do **e**- ius, * orbis

terrá-rum et qui há-bi-*tant in* **e**- o. *Ant.* Pú- e- ri.

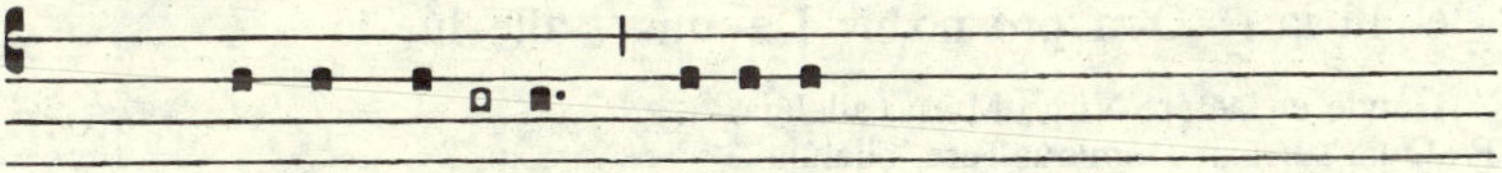

Flexa : mundo **cor**- de, †

2. *Quia* ipse super mária fun**dá**vit **e**um, * et super flúmina fir*mávit* eum. *Ant.* Púeri.
3. *Quis a*scéndet in **mon**tem **Dó**mini, * aut quis stabit in loco *sancto* eius? *Ant.* Púeri.
4. *Inno*cens mánibus et mundo **cor**de, † qui non accépit in vanum **no**men **e**ius, * nec iurá*vit in* **do**lum. *Ant.* Púeri.

5. *Hic ac*cípiet benedicti**ó**nem a **Dó**mino, * et justificatiónem a Deo salu*tári* **su**o. *Ant.* Púeri.

6. *Haec est* generátio quae**rén**tium **e**um, * quaeréntium fáciem *Dei* **Ia**cob. *Ant.* Púeri.

7. *Attól*lite, portae, cápita **ve**stra, † et elevámini, portae **ae**ter**ná**les, * et intro*íbit rex* **gló**riae. *Ant.* Púeri.

8. *Quis est* iste rex **gló**riae? † Dóminus **for**tis et **po**tens, * Dóminus po*tens in* **pro**é**lio**. *Ant.* Púeri.

9. *Attól*lite, portae, cápita **ve**stra, † et elevámini, portae **ae**ter**ná**les, * et intro*íbit rex* **gló**riae. *Ant.* Púeri.

10. *Quis est* **i**ste rex **gló**riae? * Dóminus virtútum ipse *est rex* **gló**riae. *Ant.* Púeri.

Omittitur Glória Patri.

92 *REGINA CAELI*

VI.
REgí-na cæ-li * læ-tá-re, alle-lú-ia : Qui- a quem me-
ru- í-sti portáre, alle-lú-ia : Re-surréxit, sic-ut di-xit, al-
le- lú-ia : O-ra pro no-bis De- um, alle-lú- ia.

℣. Gáude et laetáre Vírgo María, allelúia.
℟. Quia surréxit Dóminus vere, allelúia.

93 *RORATE CAELI*

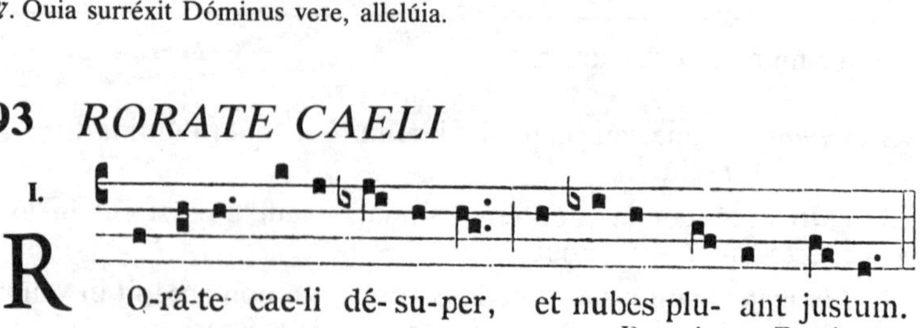
I.
RO-rá-te cae-li dé-su-per, et nubes plu- ant justum.

Repetitur : Roráte.

1. Ne i-rascá- ris Dómi-ne, ne ultra memí-ne-ris in- iqui-
tá- tis : ec-ce cí- vi-tas Sancti facta est de-sérta : Si- on
de-sérta fa-cta est : Je-rú-sa-lem de-so- lá- ta est : domus san-
cti- fi- ca-ti- ó-nis tu-ae et gló-ri- ae tu- ae, u-bi lauda- vé-
runt te pa-tres nostri. ℟. Roráte.
2. Peccá-vimus, et facti sumus tamquam immúndus nos, et
ce-cí-dimus qua-si fó-li- um u-ni-vér-si : et in-iqui-tá- tes
nostrae qua-si ventus abstu- lé-runt nos : abscondí-sti fá-
ci- em tu- am a no-bis, et al-li-sísti nos in ma-nu in- i-

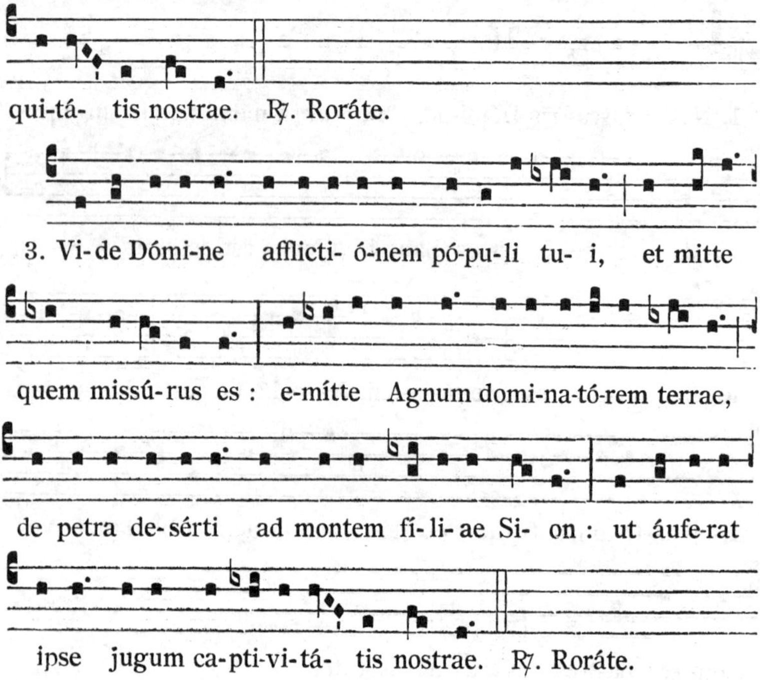
qui-tá- tis nostrae. ℟. Roráte.
3. Vi-de Dómi-ne afflicti- ó-nem pó-pu-li tu- i, et mitte
quem missú-rus es : e-mítte Agnum domi-na-tó-rem terrae,
de petra de-sérti ad montem fí- li- ae Si- on : ut áufe-rat
ipse jugum ca-pti-vi-tá- tis nostrae. ℟. Roráte.

94 *SALVE REGINA*

v.
SAlve Re-gí-na, * ma-ter mi-se-ri-córdi- æ, Vi-ta, dul-
cé- do, et spes nostra, salve. Ad te clamámus, éxsu-
les, fí- li- i Hevæ. Ad te suspi-rámus, geméntes et flentes

in hac lacrimárum valle. E-ia ergo, Advo-cá-ta nostra,
il-los tu- os mi-se-ri-córdes ó-cu-los ad nos convér-te. Et
Je-sum, be-ne-díctum fructum ventris tu- i, no-bis post hoc ex-
sí- li- um osténde. O cle-mens, O pi- a, O
dulcis * Virgo Ma-rí- a.

℣. Ora pro nóbis sáncta Déi Génitrix.
℟. Ut digni efficiámur promissiónibus Christi.

95 *SPIRITUS PARACLITUS*

VI.
SPí-ri-tus Pa-rácli-tus, * Alle- lú- ia, alle-lú- ia. Spí-ri-
tus. ℣. Do-cé-bit vos ómni- a. * Alle- lú- ia. ℣. Gló-ri- a Patri,
et Fí- li- o, et Spi- rí-tu- i Sancto. Spí-ri-tus.

96 *SURREXIT DOMINUS VERE*

VI.

SUrré-xit Dómi-nus ve-re, * Alle- lú-ia, alle-lú-ia.

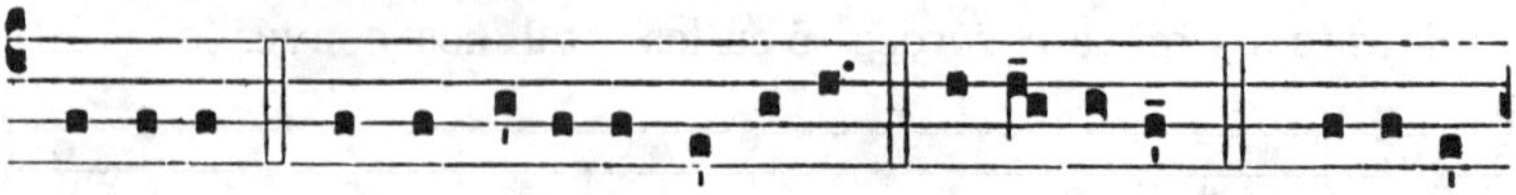

Surré-xit. ℣. Et appá-ru- it Simó-ni. * Alle- lú-ia. ℣. Gló-ri- a

Patri, et Fí- li- o, et Spi-rí-tu- i Sancto. Surré-xit.

97 *TANTUM ERGO — PANGE LINGUA*

III.

5 TAntum ergo Sacraméntum ve-ne-rémur cérnu- i :

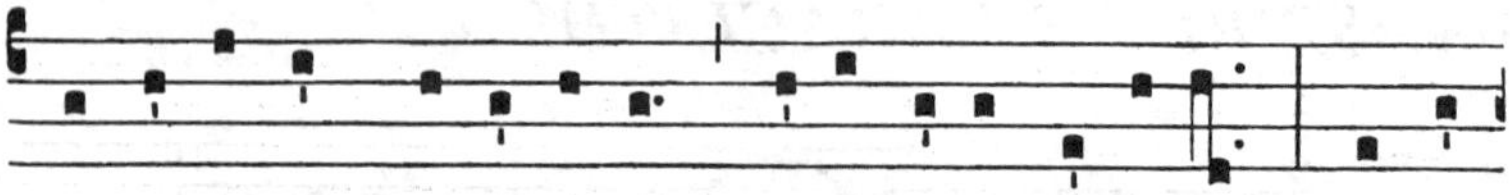

et antíquum do-cuméntum novo cedat rí- tu- i : praestet

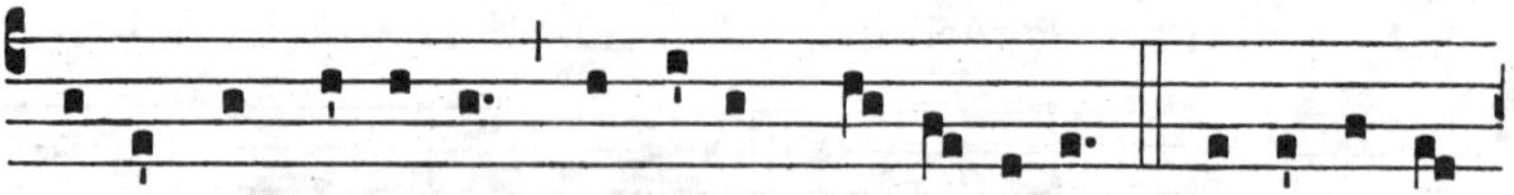

fi-des suppleméntum sénsu- um de- féctu- i. 6 Ge-ni- tó- ri,

Ge-ni-tóque laus et iu-bi-lá-ti- o, sa-lus, honor, virtus

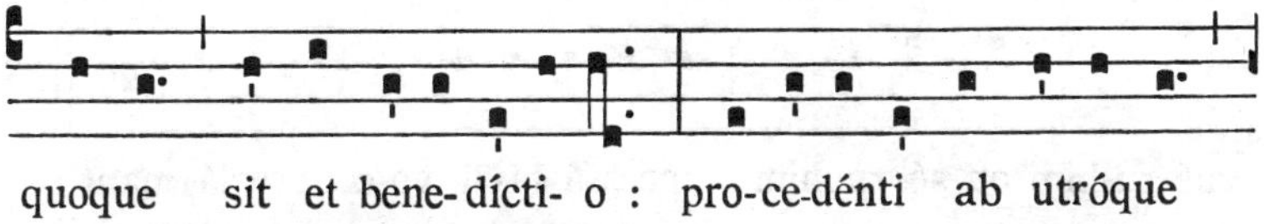
quoque sit et bene-dícti- o : pro-ce-dénti ab utróque

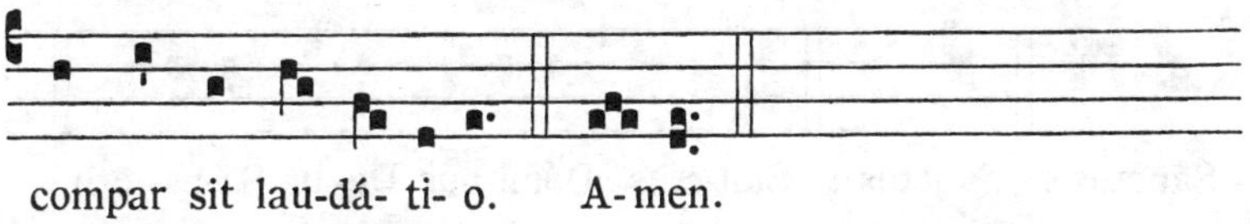
compar sit lau-dá- ti- o. A-men.

1

Pánge, língua, gloriósi
Córporis mystérium,
Sanguinísque pretiósi,
Quem in múndi prétium
Frúctus véntris generósi
Rex effúdit géntium.

2

Nóbis dátus, nóbis nátus
Ex intácta Vírgine,
Et in múndo conversátus,
Spárso vérbi sémine,
Súi móras incolátus
Míro cláusit órdine.

3

In suprémae nócte cénae
Recúmbens cum frátribus,
Observáta lége pléne
Cíbis in legálibus,
Cíbum túrbae duodénae
Se dat súis mánibus.

4

Vérbum cáro, pánem vérum
Vérbo cárnem éfficit:
Fítque Sánguis Chrísti mérum,
Et si sénsus déficit,
Ad firmándum cor sincérum
Sóla fídes súfficit.

98*A* *TE DEUM — tonus simplex*

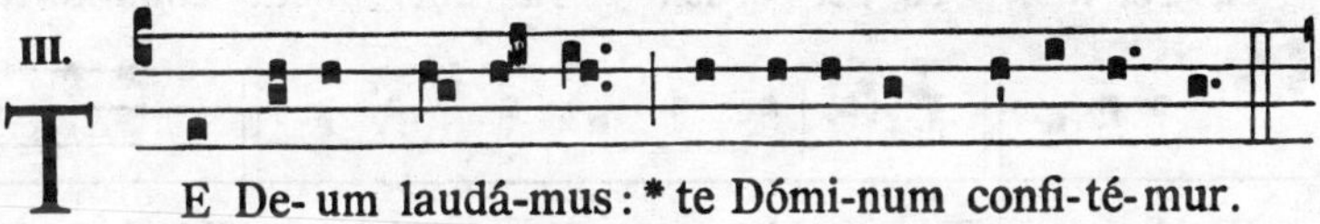
III.
TE De-um laudá-mus: * te Dómi-num confi-té-mur.

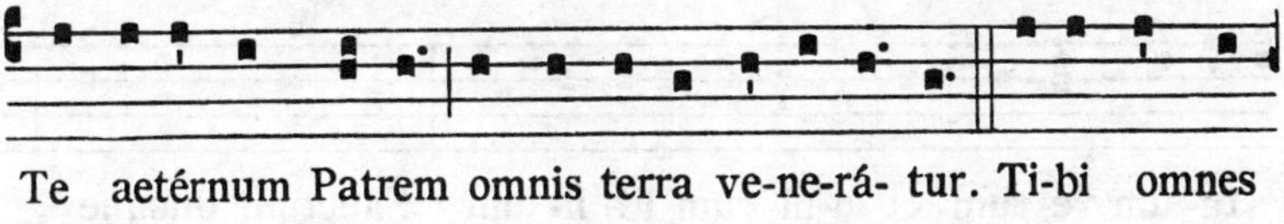
Te aetérnum Patrem omnis terra ve-ne-rá- tur. Ti-bi omnes

ánge-li, ti-bi cae-li et u-ni-vérsae pot-está- tes : Ti- bi

ché-ru-bim et sé-raphim incessá-bi-li vo-ce proclá-mant :
Sanctus : Sanctus : San-ctus Dómi-nus De- us Sá-ba- oth.
Ple-ni sunt cae-li et terra ma-iestá-tis gló-ri-ae tu- ae.
Te glo-ri- ó-sus Aposto-ló-rum cho- rus : Te prophe-tá-rum
laudá-bi-lis núme-rus : Te márty-rum candi-dá-tus laudat
ex-érci-tus. Te per orbem terrá-rum sancta confi-té-tur
Ecclé-si- a : Pa-trem imménsae ma-iestá- tis : Ve-ne-rándum
tu- um ve-rum et ú-ni-cum Fí- li- um : Sanctum quoque
Pa-rácli-tum Spí-ri-tum. Tu rex gló-ri-ae, Chri-ste. Tu Patris

sempi-térnus es Fí-li-us. Tu ad li-be-rándum susceptú-rus
hómi-nem, non horru-ísti Vírgi-nis ú-te-rum. Tu de-vícto
mortis acú-le-o, a-pe-ru-ísti credénti-bus regna caeló-rum.
Tu ad déxte-ram De-i se-des, in gló-ri-a Pa-tris. Iudex
créde-ris esse ventú-rus. Te ergo quaésumus, tu-is fámu-
lis súbve-ni, quos pre-ti-ó-so sánguine red-emí-sti. Ætérna fac cum sanctis tu-is in gló-ri-a nume-rá- ri. Salvum
fac pópu-lum tu-um Dómine, et béne-dic he-re-di-tá-ti
tu-ae. Et re-ge e-os, et extól-le il-los usque in

aetér- num. Per síngu-los di- es, be-ne-dí-cimus te. Et lau-
dámus nomen tu- um in saécu-lum, et in saécu-lum saécu-li.
Digná-re Dómi-ne di- e isto si-ne peccá-to nos custo-
dí- re. Mi-se-ré-re nostri Dómi-ne, mi-se-ré-re nostri.
Fi- at mi-se-ri-córdi- a tu-a Dómi-ne super nos, quemádmodum spe-rávimus in te. In te Dó-mi-ne spe-rá- vi : non
confúndar in aetér- num.

98*B* *TE DEUM juxta morem romanum*

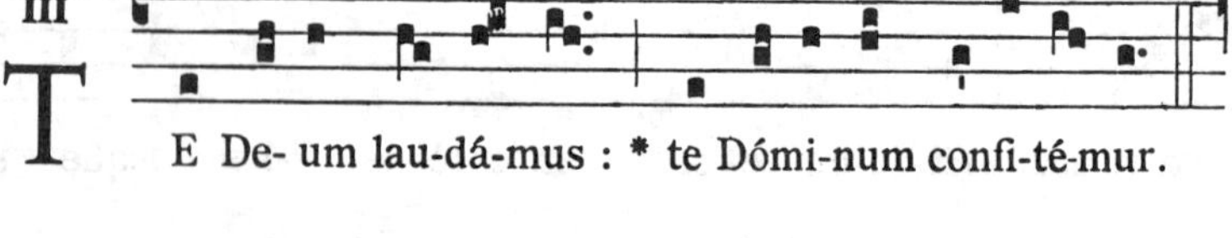
III
TE De- um lau-dá-mus : * te Dómi-num confi-té-mur.

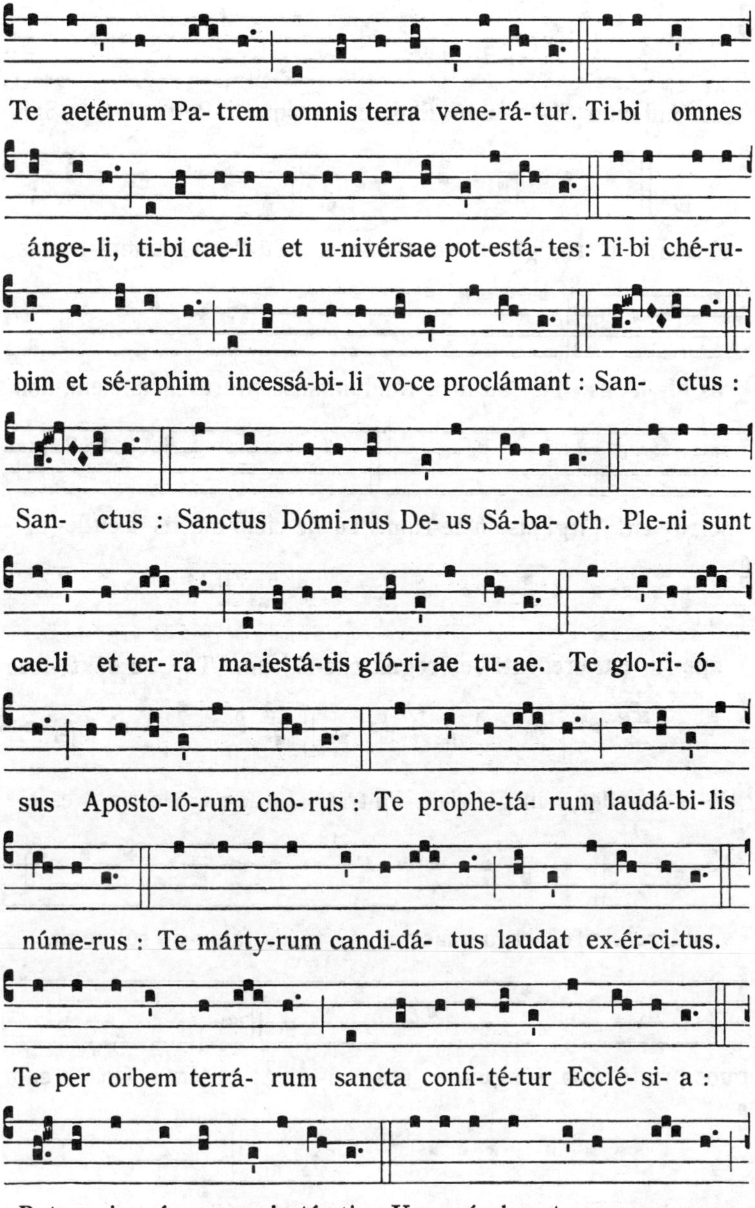
Te aetérnum Pa- trem omnis terra vene-rá- tur. Ti-bi omnes
ánge- li, ti-bi cae-li et u-nivérsae pot-está- tes : Ti-bi ché-ru-
bim et sé-raphim incessá-bi- li vo-ce proclámant : San- ctus :
San- ctus : Sanctus Dómi-nus De- us Sá-ba- oth. Ple-ni sunt
cae-li et ter- ra ma-iestá-tis gló-ri-ae tu- ae. Te glo-ri- ó-
sus Aposto-ló-rum cho-rus : Te prophe-tá- rum laudá-bi-lis
núme-rus : Te márty-rum candi-dá- tus laudat ex-ér-ci-tus.
Te per orbem terrá- rum sancta confi-té-tur Ecclé- si- a :
Patrem imménsae ma-iestá- tis : Vene-rándum tu- um ve- rum,

et úni-cum Fí- li- um : Sanctum quoque Pa-rá-cli-tum Spí-
ri-tum. Tu rex gló- ri- ae, Chri-ste. Tu Patris sempi- térnus
es Fí- li- us. Tu ad li-be-rándum susceptúrus hómi-nem, non
horru- ísti Vírgi-nis ú-te-rum. Tu de-vícto mortis á-cu-le- o,
ape-ru- ísti credénti-bus regna cae-ló- rum. Tu ad déxte-ram
De- i se- des, in gló-ri- a Pa-tris. Iu-dex créde-ris esse
ventú- rus. Te ergo quaésumus, tu- is fámu-lis súbve-ni,
quos pre- ti- ó-so sángui-ne red-emí- sti. Ætérna fac cum
sanctis tu- is in gló-ri- a nume-rá- ri. Salvum fac pópu-

lum tu- um Dómi-ne, et béne-dic he-re- di-tá-ti tu- ae.
Et re-ge e- os, et extól-le il-los usque in aetér- num.
Per síngu-los di- es, be-ne- dí-cimus te. Et laudámus nomen
tu- um in saécu-lum, et in saécu-lum saécu-li. Digná-re Dómi-ne di- e i- sto si-ne peccá-to nos custo-dí- re. Mi-se-ré-re
nostri Dómi-ne, mi-se-ré-re nostri. Fi- at mi-se-ri-córdi- a
tu- a Dómi-ne super nos, quemádmodum spe- rá-vimus in te.
In te Dó-mi-ne spe-rá- vi : non confúndar in ae-tér- num.

99 *TU ES PETRUS*

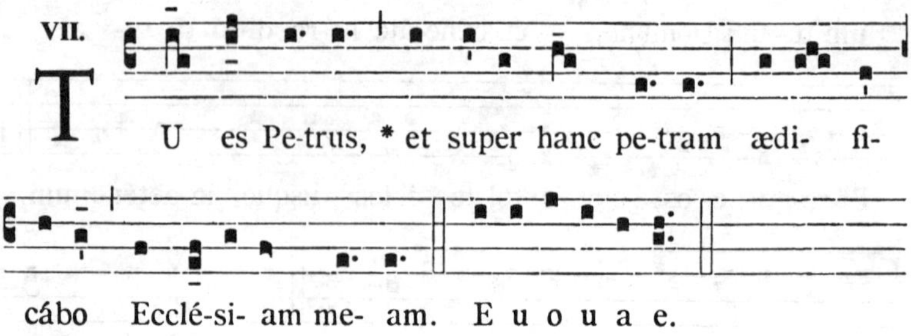
VII.
TU es Pe-trus, * et super hanc pe-tram ædi- fi-
cábo Ecclé-si- am me- am. E u o u a e.

100 *UBI CARITAS EST VERA*

VI.
Ubi cá-ri- tas est ve-ra, De- us i-bi est.
℣. Congregá-vit nos in u-num Christi amor.
℣. Exsultémus et in i-pso iu-cundémur.
℣. Time- ámus et amé-mus De- um vi-vum.
℣. Et ex corde di- li-gá-mus nos sin- cé- ro.

U - bi cá-ri- tas est ve-ra, De- us i-bi est.
℣. Simul ergo cum in u- num congregámur :
℣. Ne nos mente di- vi-dámur, cave- ámus.
℣. Cessent iúrgi- a ma- lígna, cessent li- tes.
℣. Et in mé-di- o nostri sit Christus De- us.
U - bi cá-ri- tas est ve-ra, De- us i-bi est.
℣. Simul quoque cum be- á- tis vi-de- ámus
℣. Glo- ri- ánter vul-tum tu- um, Christe De- us :
℣. Gáudi- um, quod est imménsum, atque probum,

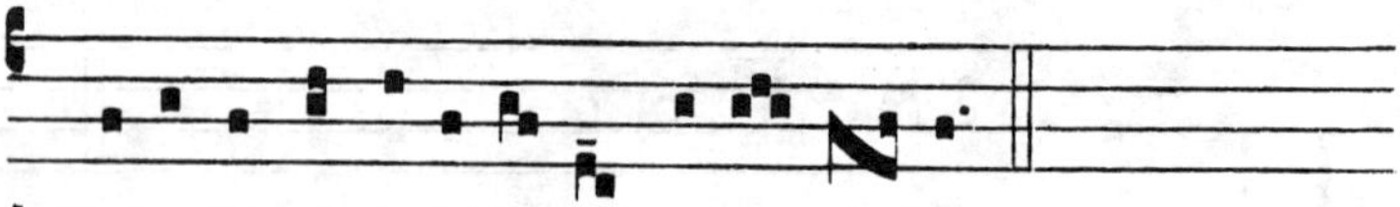

℣. Saécu- la per infi-ní- ta saecu- ló- rum.

101 *VENI CREATOR*

VIII.

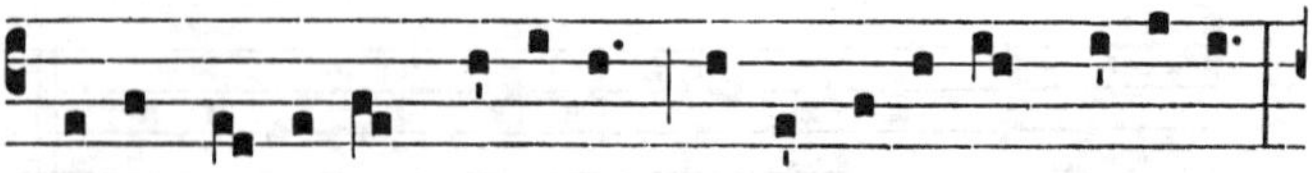

V E-ni Cre- á-tor Spí-ri-tus, Mentes tu- ó-rum ví-si-ta :

Imple su-pérna grá-ti- a Quae tu cre- ásti pécto-ra.

2

Qui Paráclitus díceris,
Donum Dei altíssimi,
Fons vivus, ignis, cáritas,
Et spiritális únctio.

3

Tu septifórmis múnere.
Dextrae Dei tu dígitus,
Tu rite promíssum Patris,
Sermóne ditans gúttura.

4

Accénde lumen sénsibus,
Infúnd*e* amórem córdibus,
Infírma nostri córporis
Virtúte firmans pérpeti.

5

Hostem repéllas lóngius,
Pacémque dones prótinus:
Ductóre sic te praévio
Vitémus omne nóxium.

6

Per te sciámus da Patrem,
Noscámus atque Fílium,
Te utriúsque Spíritum
Credámus omni témpore.

℣. Emítte Spíritum tuum et creabúntur.
℟. Et renovábis fáciem terrae.

102 *VERBUM CARO FACTUM EST*

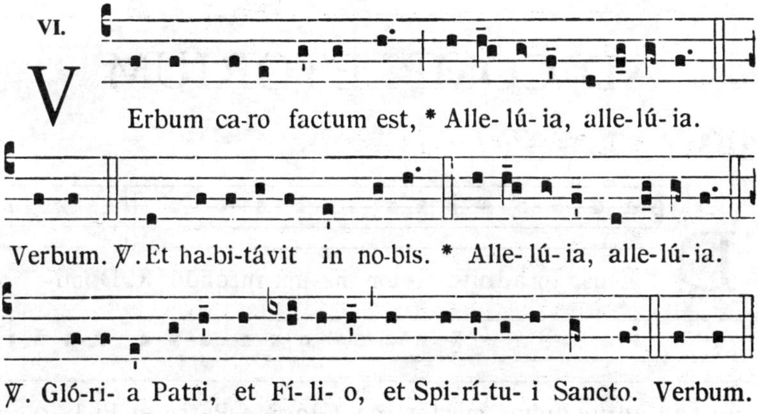
VI.
VErbum ca-ro factum est, * Alle- lú- ia, alle- lú- ia.
Verbum. ℣. Et ha-bi-távit in no-bis. * Alle- lú- ia, alle- lú- ia.
℣. Gló-ri- a Patri, et Fí- li- o, et Spi-rí-tu- i Sancto. Verbum.

AD COMPLETORIUM

103

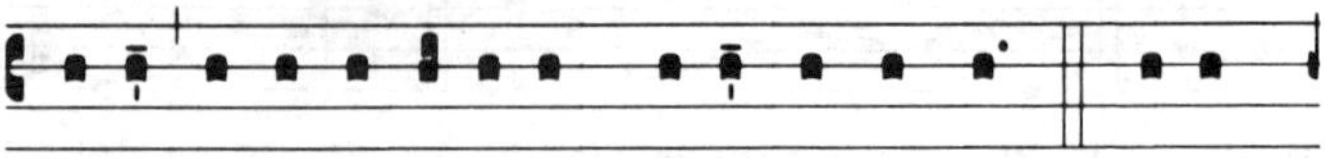

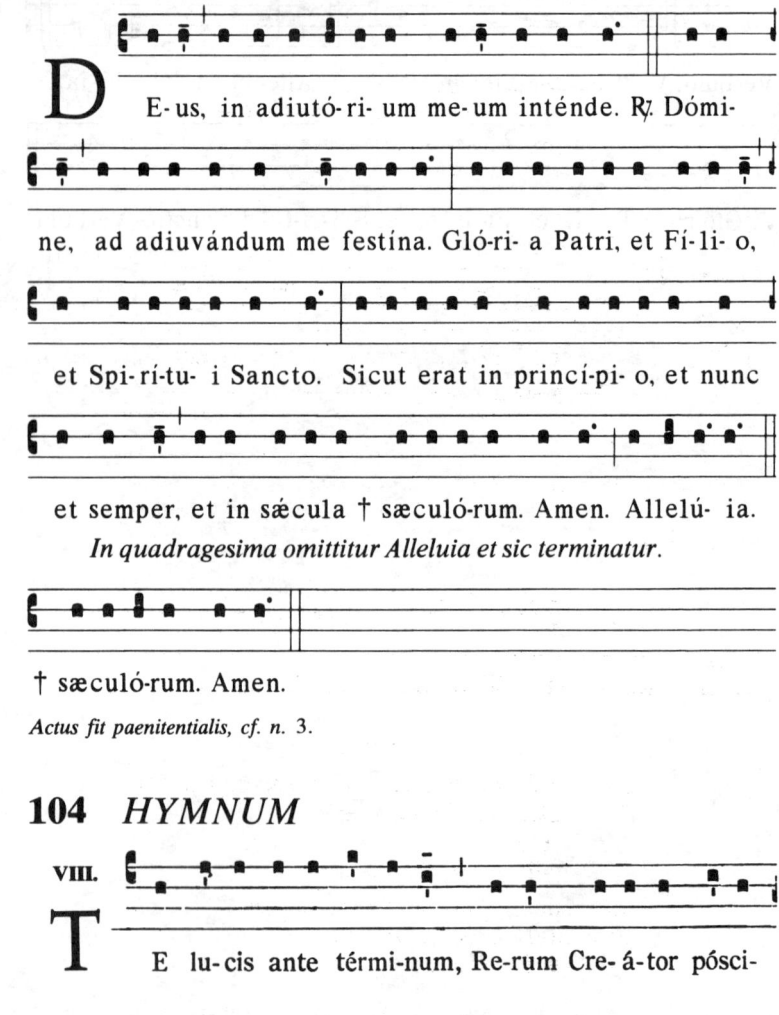

DE-us, in adiutó-ri- um me-um inténde. ℟. Dómi-

ne, ad adiuvándum me festína. Gló-ri- a Patri, et Fí-li- o,

et Spi-rí-tu- i Sancto. Sicut erat in princí-pi- o, et nunc

et semper, et in sǽcula † sæculó-rum. Amen. Allelú- ia.

In quadragesima omittitur Alleluia et sic terminatur.

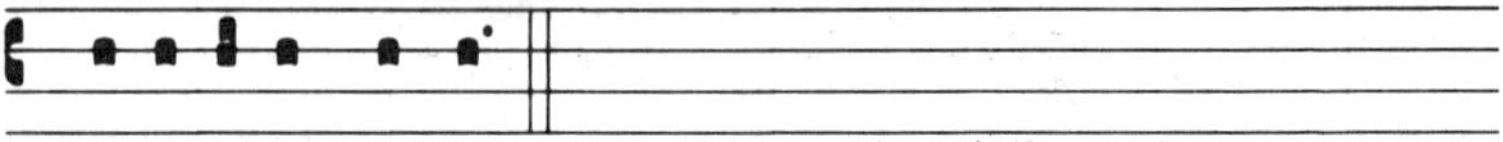

† sæculó-rum. Amen.

Actus fit paenitentialis, cf. n. 3.

104 *HYMNUM*

VIII.

TE lu-cis ante térmi-num, Re-rum Cre- á-tor pósci-

mus, Ut só- li-ta cleménti- a Sis præsul ad custó-di- am.

2

Te corda nostra sómnient,
te per sopórem séntiant,
tuámque semper glóriam
vicína luce cóncinant.

3

Vitam salúbrem tríbue
nostrum calórem réfice,
tætram noctis calíginem
tua collústret cláritas.

4

Præsta, Pater omnípotens,
per Iesum Christum Dóminum,
qui tecum in perpétuum
regnat cum Sancto Spíritu. Amen.

105

VIII G

M

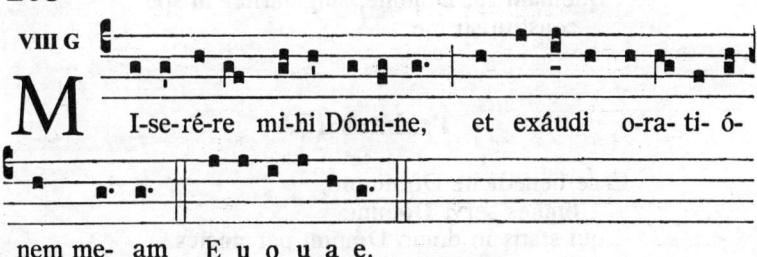

I-se-ré-re mi-hi Dómi-ne, et exáudi o-ra- ti- ó-

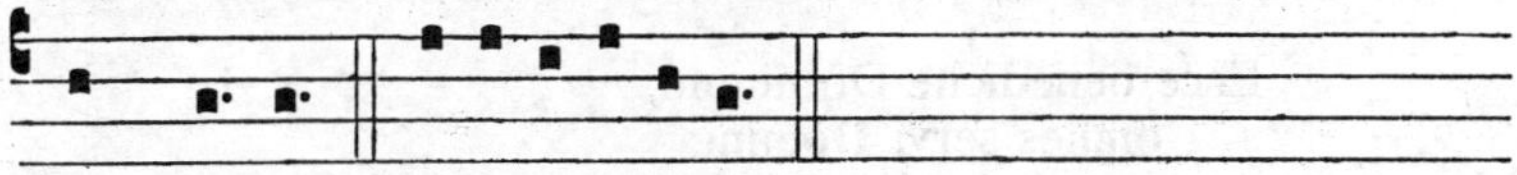
nem me- am E u o u a e.

Tempore Paschali

VIII G

A

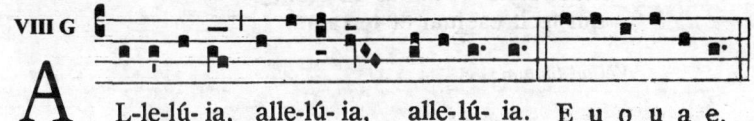

L-le-lú- ia, alle-lú- ia, alle-lú- ia. E u o u a e.

A

Psalmus 4

Cum invocárem exaudísti me, Deus iustítiae **me**ae ; *
  in tribulatióne dilatásti **mi**hi;
miserére **mei** *
  et exáudi oratiónem **me**am.
Fílii hóminum, úsquequo gravi **cor**de? *
  ut quid dilígitis vanitátem
    et quaéritis men**dá**cium?

Et scitóte quóniam mirificávit Dóminus
sanctum **su**um; *
Dóminus exáudiet, cum clamávero ad **e**um.

Irascímini et nolíte pecc**á**re; †
loquímini in córdibus **v**estris, *
in cubílibus vestris et conquiéscite.
Sacrificáte sacrifícium ius**tí**tiae
et speráte in **Dó**mino.

Multi dicunt: « Quis osténdit nobis **bo**na? » *
Leva in signum super nos
lumen vultus tui, **Dó**mine.

Maiórem dedísti laetítiam in corde **m**eo, *
quam cum multiplicántur
fruméntum et vinum e**ó**rum.
In pace in idípsum dórmiam et requiéscam, *
quóniam tu, Dómine, singuláriter in spe
constitu**ís**ti me.

Psalmus 133

Ecce benedícite Dóminum,
omnes servi **Dó**mini; *
qui statis in domo Dómini per **noc**tes.
Extóllite manus vestras ad sanctu**á**rium, *
et benedícite **Dó**minum.

Benedícat te Dóminus ex **Si**on, *
qui fecit caelum et **te**rram.

Vel ad libitum:

B

Psalmus 90

Qui hábitat in protectióne Al**tís**simi, *
sub umbra Omnipoténtis commo**rá**bitur.
Dicet **Dó**mino: †
« Refúgium meum et fortitúdo **me**a, *
Deus meus, sperábo in **e**um ».

Quóniam ipse liberábit te de láqueo ve**nán**tium *
et a verbo ma**lí**gno.

Alis suis obumbrábit **ti**bi, †
et sub pennas eius con**fú**gies ; *
scutum et loríca véritas **e**ius.
Non timébis a timóre noc**túr**no,
a sagítta volánte in **di**e, †
a peste perambulánte in **té**nebris, *
ab extermínio vastánte in me**rí**die.

Cadent a látere tuo **mil**le, †
et decem mília a dextris **tu**is; *
ad te autem non appropin**quá**bit.
Verúmtamen óculis tuis conside**rá**bis, *
et retributiónem peccatórum vi**dé**bis.
Quóniam tu es, Dómine, refúgium **me**um. *
Altíssimum posuísti habitáculum **tu**um.

Non accédet ad te **ma**lum, *
Et flagéllum non appropinquábit tabernáculo **tu**o.
Quóniam ángelis suis mandábit **de** te, *
ut custódiant te in ómnibus viis **tu**is.
In mánibus por**tá**bunt te, *
ne forte offéndas ad lápidem pedem **tu**um.
Super áspidem et basilíscum ambu**lá**bis, *
et conculcábis leónem et dra**có**nem.

Quóniam mihi adhaésit, liberábo **e**um; *
suscípiam eum, quoniam cognóvit nomen **me**um.
Clamábit ad me, et ego exáudiam **e**um; †
cum ipso sum in tribulati**ó**ne, *
erípiam eum et glorificábo **e**um.
Longitúdine diérum replébo **e**um, *
et osténdam illi salutáre **me**um.

LECTIO BREVIS

Audi, Israel : Dóminus Deus noster Dóminus unus est. † Díliges Dóminum Deum tuum ex toto corde tuo et ex tota ánima tua et ex tota fortitúdine tua. * Erúntque verba haec quae ego praecípio tibi hódie in corde tuo, et inculcábis ea fíliis tuis, et loquéris ea sedens in domo tua et ámbulans in itínere, decúmbens atque consúrgens.

106 *RESPONSORIUM BREVE*

VI.
IN manus tu- as, Dó-mine,* Comméndo spí-ri- tum
me- um. In. ℣. Rede-místi nos, Dómine, De- us ve-ri- tá-tis.
* Comméndo. ℣. Gló-ri- a Patri, et Fí-li- o, et Spi-rí-tu- i
Sancto. In.

107 *CANTICUM EVANGELICUM*

IIIa.
SALva nos*Dómine, vi-gi-lántes, custó-di nos dor-
mi- éntes, ut vi-gi-lémus cum Christo et requi- escá-mus †
in pace. T.P. † in pace, alle- lú- ia.

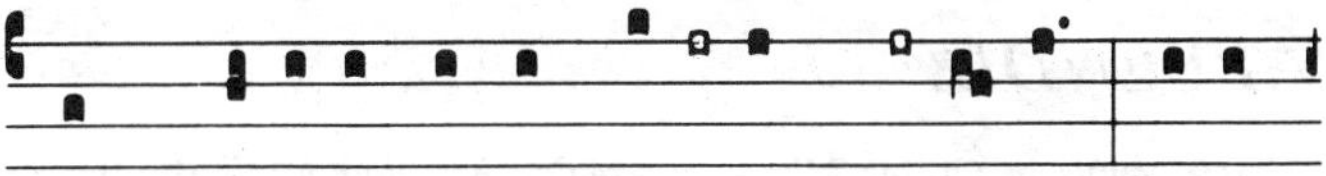

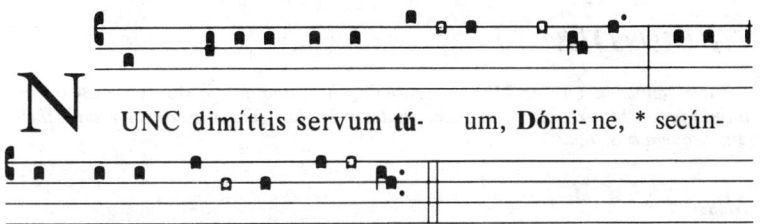

N UNC dimíttis servum **tú**- um, **Dó**mi- ne, * secún-

dum verbum **tú**- um in **pa**- ce;

quia vidérunt **ó**culi **mei** *
salu**tá**re **tu**um,
quod pa**rá**sti *
ante fáciem ómnium **po**pu**ló**rum:
lumen ad revelati**ó**nem **gén**tium *
et glóriam plebis **tu**ae **Is**rael.

ORATIO

Orémus.
Vísita, quaésumus, Dómine, habitatiónem istam, et omnes insídias inimíci ab ea longe repélle; ángeli tui sancti hábitent in ea, qui nos in pace custódiant, et benedíctio tua sit super nos semper. Per Christum.

BENEDICTIO

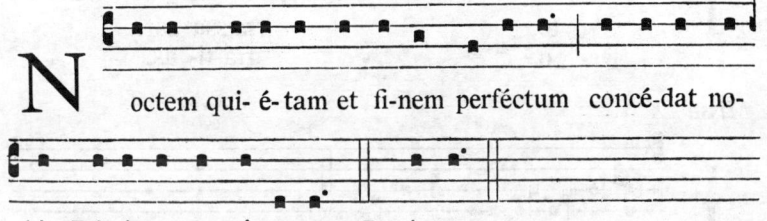

N octem qui- é- tam et fi-nem perféctum concé-dat no-

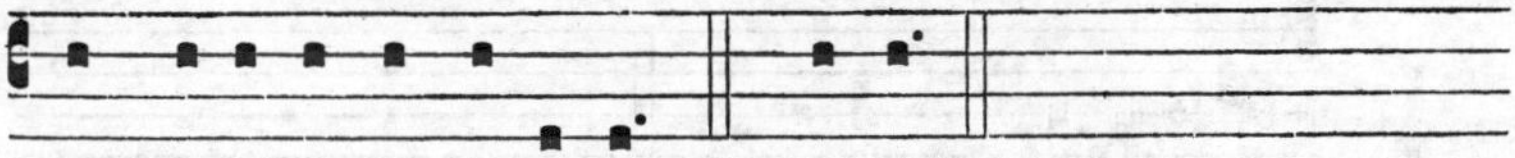

bis Dómi-nus omní-pot-ens. ℟. Amen.

ANTIPHONA FINALIS
BEATAE MARIAE VIRGINIS

Alma Redemptoris Mater, n. 68.
Ave Regina caelorum, n. 74.
Regina caeli, n. 92.
Salve Regina, n. 94.

APPENDIX

Inter cantus in Ordine Missae occurentes, invenitur p. 37 Ite missa est *in tono monitionis. Ubi vero, annuente Auctoritate territoriali, cantus ornatus servatur, melodiis sequentibus utatur.*

Missa I

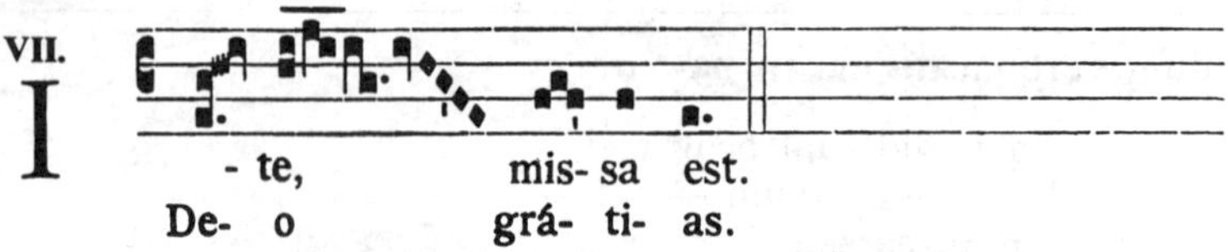
VII.
I - te, mis- sa est.
De- o grá- ti- as.

Missa IV

I.
I - te, missa est.
De- o grá-ti- as.

Missa VIII

V.
I - te, missa est.
De- o grá-ti- as.

Missa IX

I.
I - te, missa est.
De- o grá-ti- as.

Missa XI

I.
I - te, mis- sa est.
De- o grá- ti- as.

INDEX ALPHABETICUS CANTUUM

Imprimé en France par Normandie Roto Impression s.a.s. Lonrai – 030855
Dépôt légal : avril 2003